Planejamento Financeiro
e Seguridade Social

Karina Suzana da Silva Alves

Formada pela Universidade Municipal de São Caetano do Sul, especialista em direito constitucional na FMU e mestre em Direito Previdenciário pela PUC-SP. Professora nas disciplinas de Direito do Trabalho e Direito Previdenciário. Advogada, coordenadora da área trabalhista/previdenciária (contencioso e consultivo) no escritório Simões Caseiro Advogados. Entre as principais atividades além da administração de contencioso estratégico, estão a realização de planejamento e adequação da rotina trabalhista/previdenciária para empresas, assessorando na interpretação e aplicação da legislação pertinente às áreas e os reflexos para os diversos segmentos econômicos.

Planejamento Financeiro e Seguridade Social

EDITORA LTDA.
© Todos os direitos reservados

Rua Jaguaribe, 571
CEP 01224-003
São Paulo, SP — Brasil
Fone (11) 2167-1101
www.ltr.com.br
Setembro, 2016

Produção Gráfica e Editoração Eletrônica: R. P. TIEZZI
Projeto de Capa: FABIO GIGLIO
Impressão: PIMENTA

Versão impressa — LTr 5605.1 — ISBN 978-85-361-8996-3
Versão digital — LTr 9027.5 — ISBN 978-85-361-9005-1

Dados Internacionais de Catalogação na Publicação (CIP)
(Câmara Brasileira do Livro, SP, Brasil)

Alves, Karina Suzana da Silva

Planejamento financeiro e seguridade social / Karina Suzana da Silva Alves. — São Paulo : LTr, 2016.

Bibliografia

1. Custeio da seguridade social 2. Finanças — Planejamento 3. Planejamento no Sistema de Seguridade Social — Brasil 4. Seguridade social — Brasil I. Título.

16-05159   CDU-34:364.3(81)

Índice para catálogo sistemático:

1. Brasil : Custeio : Seguridade social : Direito previdenciário 34:364.3(81)

AGRADECIMENTOS

Gostaria de agradecer a minha mãe, meu exemplo de vida e de força, a minha família e amigos pelo amor e o apoio incondicional, de modo especial aos amigos e colegas de trabalho, incentivadores deste projeto, Marcos Caseiro e Thiago Simões; e a todos os meus professores nesta casa que muito contribuíram ao meu aperfeiçoamento acadêmico e profissional, em especial aos professores Wagner Balera, meu orientador e fonte inaugural nos estudos do Direito Previdenciário e Heloisa Derzi pelo carinho e oportunidade; ainda agradeço a todos que, mesmo não sendo expressamente citados, de muitas formas me auxiliaram na conclusão deste objetivo.

SUMÁRIO

Introdução 9

Parte I

1. Necessidade Social e a Proteção Constitucional 13

1.1. Proteção Social e Seguridade Social 13

1.2. Conceito, finalidade e sistema de referências 15

2. Evolução dos Modelos de Proteção Social no Brasil 24

3. Da Estrutura da Seguridade Social com a Constituição Federal de 1988 35

Parte II

1. Financiamento e Estrutura de Realização da Proteção 61

1.1. Financiamento da Seguridade Social por toda a sociedade 61

1.2. Financiamento direto e indireto 61

2. Contribuições Sociais 63

2.1. Natureza jurídica 63

2.2. Subespécies das contribuições 66

    2.2.1. Interventivas 67

    2.2.2. Corporativas 68

    2.2.3. Sociais gerais e de Seguridade Social 68

3. Da Estrutura Estatal ao Atendimento da Ordem Social 74
3.1. Da descentralização do Estado 75

Parte III

1. Do Planejamento Específico 81
1.1. Do conceito de plano 81
1.2. Da noção geral de planejamento 83

2. Do Conceito de Orçamento 87
2.1. A configuração orçamentária na CF/88 89

3. Das Distorções no Orçamento 94

4. Do Discurso Deficitário 100

Parte IV

1. Da Ausência de Integração na Seguridade Social 105
1.1. Sufocamento da solidariedade sistêmica 105
1.2. Do planejamento específico como alternativa 107

Conclusão 115

Referências Bibliográficas 117

Introdução

A efetividade de medidas que, de fato, se configuram no conjunto de ações integradas nas três áreas com a qual se ocupa a Seguridade Social (Saúde, Assistência e Previdência), não constitui tarefa fácil, razão pela qual as questões envolvendo a eficiência e a validade desse Sistema de Seguridade Social são temas recorrentes na pauta e nos planos de governo, nas casas legislativas e perante a sociedade, mantendo ressoante a ideia de "reforma".

O presente estudo pretende avaliar o plano de custeio da Seguridade Social, aferindo especialmente no tocante às prestações de previdência social, sobre existência ou suficiência de planejamento no Sistema de Seguridade Social no atual Estado brasileiro.

Para tanto, procurará perquirir: o que é um plano/planejamento de custeio no Seguro Social? O que é orçamento e no que se traduz o orçamento da Seguridade Social? E ainda, se a inexistência ou existência apenas formal de planejamento pode implicar distorções nos orçamentos, como os desvios de finalidade (DRU e outros).

Em qual medida a presença de um estudo detido, pormenorizado, pode influenciar modelos de *seguridade social* já estabelecidos? Qual o tipo de estudo ou análise deve ser realizada?

Com essas averiguações, ponderar se o modelo orçamentário e a estrutura tributária, ferramentas com as quais se pretende viabilizar os cofres do Estado para o gerenciamento do Sistema de Seguridade Social, são mecanismos suficientes ou se permitem o ideal funcionamento sistêmico para atender ao objetivo social traçado pela ordem constitucional.

Para conhecer o cerne destas questões, valeremo-nos de diferentes núcleos de conhecimento científico, do plano de ações proposto por nossa Constituição, da forma de organização de nosso Estado no tocante às ações que se comprometeu em realizar, passando pelas normas inaugurais do modelo de proteção social nacional, analisando o aparato legal desde a Reforma Administrativa do Decreto n. 200/67 até os dias atuais.

Utilizaremos para tanto, de modo inaugural, a visão proporcionada pelo Plano Beveridge e por boa parte do quanto o tema repercutiu na doutrina e no cenário mundial. Em seguida, com norte em nossa atual Carta Constitucional, com base na lição constitucional financeira de Ricardo Lobo Torres, assim como nos estudos e ensinamentos tributários de Geraldo Ataliba e Roque Antonio Carrazza, a *Teoria da Norma Tributária* de Paulo de Barros Carvalho, e especial cotejamento do traçado *Sistema de Seguridade Social brasileiro* proposto por Wagner Balera.

Na primeira parte, serão fixadas as premissas que justificam a Proteção Social às quais faremos referência na construção das proposições ao final apresentadas; a segunda parte abordará o financiamento da seguridade social e a forma de organização do Estado para o atendimento da proteção; com a terceira parte, discorremos sobre nosso objetivo com o trabalho e planejamento, especificamente para a Seguridade Social, trabalhando os conceitos gerais de planejamento econômico e orçamentário; e, por fim, traremos as linhas conclusivas da dissertação.

PARTE I

1. NECESSIDADE SOCIAL E A PROTEÇÃO CONSTITUCIONAL

1.1. Proteção Social e Seguridade Social

O tema escolhido exige a preocupação em ter definido os conceitos nos quais os objetivos de nossa ordem legal para a Proteção Social se encontram radicados.

Nesse sentido fundamental abordaremos a evolução histórica da humanidade que aponta para o impulso natural do homem em instituir medidas de precaução/proteção das suas necessidades, fato que culminaria com a utilização do Direito e seu instrumental normativo pelos homens reunidos em grupo[1].

Como bem observou Paul Durand ao inaugurar sua obra sobre a Seguridade Social, "o afã pelo risco e o desejo de segurança" despontam como duas tendências fundamentais do espírito humano[2].

Desde os primórdios tem-se conferido nomenclaturas diversas para as intervenções sociais, individuais ou coletivas, que se empregam quando da ocorrência de situações de necessidade humana.

Durante muitos séculos utilizou-se expressões como caridade, amor ao próximo, fraternidade, filantropia, sempre variando conforme a influência ética (ou complexo de forças)[3].

Assim, com esteio no que, em tempos hodiernos, se tem denominado solidariedade, os povos organizados em sociedade, movidos pelas experiências

---

(1) "O Direito, todo o Direito, nasce e se desenvolve a partir de questões sociais que demandam solução." BALERA, Wagner. *Noções preliminares de direito previdenciário*. São Paulo: Quartier Latin, 2004.
(2) DERZI, Heloisa Hernandez. *Os beneficiários da pensão por morte*. São Paulo: Lex, 2004. *Apud* DURAND, Paul. *La política contemporánea de seguridad social*. Traducción de José Vida Soria. Madrid: Ministerio de Trabajo e Seguridad Social, 1991.
(3) VENTURI, Augusto. *Los fundamentos científicos de la seguridad social*. Madrid: Centro de Publicaciones Ministerio de Trabajo y Seguridad Social, 1994.

infortunísticas, descobrem e buscam aperfeiçoar ferramentas de "proteção social" para além daquelas que representam conforto de ordem espiritual ou moral, mas também de natureza econômica e social.

Convém lembrar que antes da intervenção do Estado e da concretização dos institutos sobre os quais nos debruçaremos, a proteção social, desde a antiguidade, era realizada, posto que já haviam associações de ajuda mútua em inúmeras categorias de atividades, com o intuito de socorrer seus filiados com o auxílio mútuo.

Nos idos do século XIX, prenhe de ideologia individualista e com o objetivo precípuo de instauração do Estado de Direito, surgem as constituições como instrumentos legais que passaram a exaltar as garantias de liberdade dos cidadãos e como expressão maior da personalidade do indivíduo.

Mas é com o Pacto das Sociedades das Nações Unidas, em 1919, advindo da 1ª Guerra Mundial, que inserem-se na sociedade os princípios da solidariedade social.

Como bem aborda a lição de Heloisa Derzi[4], o contexto propiciado pela experiência das Grandes Guerras e as consequentes crises econômicas experimentadas mundialmente, demonstrou que os recursos individuais não eram suficientes sequer para as classes sociais privilegiadas, no sentido de proteger a sociedade dos imprevistos como as doenças, os acidentes, a idade avançada ou a invalidez, restando certo que o modelo da poupança individual e facultativa, necessitaria ser substituído pelo *sistema de "previdência" coletiva*.

A Proteção Social, hoje denominada *Seguridade Social*, iniciaria sua marcha rumo à internacionalização.

A partir de então, as constituições agregaram às garantias dos cidadãos: as garantias do cidadão trabalhador, a garantia da liberdade e as garantias da proteção social.

De modo geral, o processo de confecção desta Proteção Social apresenta similitudes, sendo possível observar grupos ou famílias de ordenamentos de seguridade social nos textos legais que se estabelecem.

Como se pode observar são as conjecturas históricas o norte para que os países adotem determinado sistema de seguridade social, e, consequentemente, aqueles países culturalmente e socialmente próximos tendem a incorporar os respectivos modelos.

---

(4) DERZI, Heloisa Hernandez. *Os beneficiários da pensão por morte*. São Paulo: Lex, 2004. *Apud* DURAND, Paul. *La política contemporánea de seguridad social*. Traducción de José Vida Soria. Madrid: Ministerio de Trabajo e Seguridad Social, 1991. p. 50.

A Alemanha tem sido considerada "berço" do Seguro Social já que coube ao chanceler Otto von Bismarck (conhecido como "Chanceler de Ferro") a pioneira lei de seguro obrigatório para enfermidades de aplicação geral, em 15 de junho de 1883[5].

Convém apontar que a base da iniciativa de Bismarck foram as preocupações de cunho político, uma vez que havia forte expansão de movimentos sociais na Alemanha, e suas iniciativas buscavam uma mudança de postura, já que as medidas repressivas, até então envidadas, intensificaram o movimento ao invés de retraí-lo.

Com esse cenário o chanceler preferiu intervir de modo positivo, o que também auxiliaria a firmar a adoção de proteção para as classes operárias em vista da tendência de desenvolvimento da economia alemã.

A partir de então, na própria Alemanha, outras modalidades de seguro social obrigatório começam a surgir: em 1884, o seguro para acidentes; e em 1889, o seguro por invalidez e velhice.

Fincando pé no pioneirismo sobre o tema, à Inglaterra incumbiu-se a tarefa de completar o quadro dos "grandes seguros sociais", ao inaugurar mundialmente o seguro desemprego em 1911. O engajamento inglês se intensificou de tal modo que é de lá o modelo integrado de proteção conhecido atualmente como "seguridade social" e que passaremos a analisar.

1.2. Conceito, finalidade e sistema de referências

Com o escorço acima, passaremos a sublinhar os conceitos de seguridade social formatados desde então e que inspiram os ordenamentos jurídicos atuais.

Vale anotar curioso fato relacionado ao surgimento da expressão "seguridade social", traduzida literalmente do *"social security"*, e que teve sua primeira aparição em 1935 com o *"Social Security Act"*, embora a legislação que inaugurou a expressão, na verdade, não seja a responsável pela concepção original e inovadora que a mesma atualmente representa[6].

Isto porque a lei americana (*Social Security Act*) de 1935 cuidou de introduzir o seguro social para o desemprego e para a velhice, de modo limitado a algumas espécies de trabalhadores.

---

(5) VENTURI, Augusto. *Los fundamentos científicos de la seguridad social*. Madrid: Centro de Publicaciones Ministerio de Trabajo y Seguridad Social, 1994. p. 99-125.
(6) *Ibidem*, p. 261-265.

Em 1938, a Nova Zelândia, ao atribuir ao primeiro sistema orgânico de proteção em benefício do conjunto da população (incluindo proteção de natureza econômica e ainda sanitária) a denominação de *seguridade social*, o termo passa a conquistar a moderna e valiosa significação.

Entretanto, considerações devem ser feitas no que se refere ao modelo de seguridade social da Nova Zelândia, bem como ao da antiga União Soviética, posto que nesses dois países o ordenamento da seguridade social surgiu sobre um terreno intacto, jamais trabalhado sob qualquer aspecto.

Noutra mão, em países considerados pioneiros neste modelo abrangente de proteção social, como a Inglaterra, por exemplo, a Seguridade Social substituiu toda uma complexa construção assistencial iniciada com as *Poor Laws* em 1601, e desenvolveu-se durante séculos até culminar em um sistema de seguros sociais solidamente firmado a partir de 1911, assim como houve o exuberante florescimento de formas voluntárias de socorro mútuo e de seguro popular, tão caros à Inglaterra.

Com base na brilhante doutrina de Almansa Pastor[7], cumpre tecer algumas linhas dos traços característicos que formataram o conceito de seguridade social observado na Alemanha após a evolução dos seguros sociais:

a) A proteção social se realiza mediante técnicas asseguradoras, mais de previsão do que de seguridade social, informadas pelo seguro privado e sua noção de risco, bem como a imposição de sua obrigação;

b) A exaltação do risco em vez de sua consequência; a instauração sucessiva por meio de diversos regimes assecuratórios caracterizam o sistema por um emaranhado de seguros heterogêneos com administrações independentes e coberturas desconexas;

c) Os sujeitos protegidos resumem-se àqueles ativos profissionalmente e com poder econômico reduzido, não havendo proteção a todos os profissionais;

d) As prestações devidas de caráter indenizatório, em substituição aos salários perdidos;

e) As contribuições para o financiamento inspirado pela ideia de dias de trabalho, o modelo não tem como valor do seguro o grau de probabilidade ou o perigo do evento, mas a taxa de remuneração, cuja proporção é fixa.

---

(7) PASTOR, José Manuel Almansa. *Derecho de la seguridad social*. 7. ed. Madrid: Tecnos, 2008.

Na Inglaterra, como já enfatizado, a Seguridade Social na etapa inicial também foi influenciada pelo modelo alemão, com o estabelecimento individual de proteções, contudo, nas características das medidas notam-se diferenças conceituais do sistema germânico, como, por exemplo, a lei de acidentes de trabalho de 1897, concebida não como um *seguro obrigatório*, mas como responsabilidade pelo risco profissional do empresário.

Marcante se mostrou em ambos os modelos aqui enfatizados como pioneiros, a presença de grandes nomes e lideranças na instituição da Seguridade Social: Bismarck na Alemanha e na Inglaterra, Beveridge, como destacado alhures.

A configuração do modelo britânico como atualmente consagrado assume os primeiros passos a partir de 1941, quando o governo inglês nomeou uma comissão interministerial com o economista William Henry Beveridge, com o intuito de elaborar um minucioso estudo dos sistemas de seguro social e de serviços conexos existentes, com especial referência às inter-relações dos diversos sistemas, produzindo críticas e recomendações.

Essas recomendações adquiriram grande e robusta dimensão política, na medida em que os trabalhos foram sendo realizados e diante da constatação de que proporcionariam uma radical reforma.

O produto deste estudo resultou na criação de um imponente sistema que hodiernamente representa a máxima expressão dos princípios da seguridade social[8].

O traço marcante desta proposta foi o objetivo de localizar/encontrar técnicas/medidas de liberação da necessidade, o que se notou não ser possível com um sistema reduzido a um conjunto de seguros sociais.

O estudo liderado por Beveridge, buscando atingir a finalidade de "liberar o homem das necessidades", enxergou ser indispensável um conjunto de ações em âmbito nacional que incluísse serviços de saúde, de apoio à família, de assistência social e de incentivo aos seguros voluntários. Com isso, estaria blindando as principais fragilidades observadas na sociedade.

Essa nova visão de *seguro nacional integrado* obtida com o estudo de Beveridge, segundo observa Almansa Pastor, permitiu:

> a) Considerando a heterogeneidade e desconexão dos seguros existentes anteriormente, recomendar a unificação e homogeneidade em um compacto de seguros que:

---

(8) VENTURI, Augusto. *Los fundamentos científicos de la seguridad social*. Madrid: Centro de Publicaciones Ministerio de Trabajo y Seguridad Social, 1994.

i. Integrasse os acidentes do trabalho, que abandonariam a proteção baseada na responsabilidade empresarial;

ii. Unificação das cotizações para simplicidade econômica e administrativa, atendendo em uma única cotização, e com unidade de atos todos os riscos;

iii. Recomendou homogeneidade das prestações e das condições de aquisição, atendimento voltado mais à necessidade do que ao risco;

iv. Ante a unificação da administrativa proposta, entende-se também necessária a existência de um Ministério próprio para a Seguridade Social, que atenda a esta como um serviço público;

b) Considerando a limitação do campo subjetivo de proteção, propor a generalização protetora para alcançar todos os membros da população, já que o direito à seguridade seria conferido pelo simples fato de ser um cidadão;

c) A proteção deverá ser ampliada em extensão e intensidade, sendo que todos os riscos imagináveis devem ser incluídos e, de outro lado, melhorar as prestações no sentido de que devem se desvincular dos salários para se adequarem às exigências dos níveis de vida;

d) Finalmente, sobre o financiamento deste sistema, restou indicar que de um lado deve ocorrer por meio de cotizações e que estas também devem se desligar dos salários, e, de outro, por meio do Estado, cujas contribuições devem conter os déficits ocorridos.

Além disso, o estudo produzido por Beveridge finda por apontar alguns princípios que caracterizariam a então "Seguridade Social", sendo eles:

a) Em relação ao objeto: o princípio da globalidade (ideia de proteção genérica do indivíduo no tocante a renda, independente da natureza do acontecimento/evento);

b) Na perspectiva da abrangência ou aplicação: o princípio da universalidade (o direito de extensão da proteção a todo indivíduo que dela necessite);

c) No tocante às prestações: o princípio da igualdade (proporcionar benefícios a todos os cidadãos de forma igualitária);

d) Em relação ao custeio: o princípio da solidariedade geral (no sentido de que todos devem contribuir para o custeio de meios de proteção da coletividade);

e) No que diz respeito ao regime de financiamento: o princípio da solidariedade de gerações (no sentido de que aqueles que estão em atividade custearem os inativos, ou ainda impossibilitados de estar em atividade, e assim sucessivamente, visualizando não existir razão para a capitalização e a formação de reservas técnicas);

f) Em relação aos órgãos da seguridade social: o princípio da unidade (ante a universalidade da proteção se reconhece que a gestão constitui responsabilidade direta e exclusiva do Estado).

Em linhas gerais, pode-se afirmar que a característica fundamental desse modelo de proteção social que resulta na Seguridade Social — aquela que constitui sua razão de ser e por isso nele se inclui quando serve de elemento técnico ou jurídico preexistente, o transforma e renova, e é sua original marca ética.

Esse diferencial é original e inovador na medida em que substitui o conceito de proteção social como uma mão piedosa que socorre o indigente por uma política social dirigida a uma determinada classe, pelo princípio da obrigação universal de garantir a todo ser humano a proteção contra as consequências danosas que derivam de eventos da vida individual, familiar ou coletiva.

Entretanto, as definições para o conceito de seguridade social, observadas na doutrina produzida desde então e nos ordenamentos jurídicos, são diferentes entre si, bem como as realizações concretas acerca de "seguridade social" que também se diferem em cada nação.

A aparente indefinição conceitual não impediu que a formatação integrada de proteção se mostrasse como fonte inspiradora de alcance, ainda que possa parecer, em alguns Estados, como objetivo poético ou utópico.

Essa "seguridade social" se configura como uma nova concepção de enxergar a proteção das necessidades sociais e implica na mudança de postura do Estado, transcendendo a questão terminológica, e se mantém para indicar uma direção para os planos de ação convergirem em prol desta ampla finalidade protetiva.

Daí porque, atrelar a finalidade ao conceito de seguridade social, sendo esta possível de definir e delimitar como apoio para conservar certa estabilidade de renda e a satisfazer as necessidades derivadas de determinados eventos da vida.

Assim, para prosseguir nosso estudo utilizaremos como base conceitual de seguridade social aquela eleita pelo constituinte pátrio, com a tarefa de avaliar se os objetos de proteção ali estabelecidos encontram-se idealmente estruturados.

Para as verificações pretendidas, além da ordem legal nacional como panorama, abordaremos a proposta de sistematização da Seguridade Social observada por Wagner Balera, e em que medida este "sistema" se encontra engrenado ou pronto para atender ao ideal assinalado em nossa carta política.

Contudo, para a análise que alimentará as conclusões do trabalho, traçaremos algumas considerações sobre o *sistema de referência* utilizado na produção científica tradicional e que foi possível ser transportada ao fenômeno jurídico com a corrente filosófica do *construtivismo lógico-semântico*[9].

Por meio deste movimento se iniciou a compreensão da norma como fruto de apreensão do intérprete a partir dos textos de direito positivo.

Tal cenário nos parece pertinente à investigação da eficiência normativa pátria no campo da Proteção Social desejada. Nesse sentido, imperioso mencionar um importante movimento de investigação, ocorrido nas duas primeiras décadas do século XX, denominado "Círculo de Viena", no qual um grupo de filósofos preocupados em demonstrar por meio da ciência a base de fundamentação do "verdadeiro conhecimento".

Para este grupo, o conhecimento possuiria valor de verdade ante sua vinculação empírica, isto é, o conhecimento científico seria verdadeiro na medida em que se relaciona, em alguma dimensão, à experiência.

Este pensamento, que procura na experiência o valor de verdade último de suas proposições, auxiliado pelas regras da lógica e dos procedimentos matemáticos, denominou-se *positivismo lógico*, ou *empirismo lógico*.

O movimento concluiu que para se conhecer algo, seria preciso conhecer a *linguagem* do objeto de conhecimento, razão pela qual passaram a se ocupar com os meios de acesso à linguagem[10].

Assim, a linguagem considerada como instrumento para conhecimento da verdade, perseguida por meio da interpretação do objeto, permite a existência de ideias e conceitos *certos* e *errados*, na medida em que reflitam ou não a verdadeira natureza dos objetos.

---

(9) VILANOVA, Lourival. *As estruturas lógicas e o sistema de direito positivo*. 4. ed. São Paulo: Noeses, 2010.
(10) Aulas ministradas no curso de Lógica Jurídica no Mestrado da Pontifícia de São Paulo, 1º semestre de 2011.

Com isso, torna-se forçoso admitir a inexistência de verdades absolutas, ou mesmo realidades. Verdade e realidade são mutáveis e não podem ser impostas a ninguém, assim como ninguém é detentor do conhecimento definitivo. A verdade, assim, *está ao alcance de todos* e independe de interpretações oficiais, seja de um cientista ou líder religioso. O impacto da aceitação desta premissa chega a ser revolucionário a algumas culturas, em especial aquelas impregnadas por altas cargas valorativas decorrentes do poder espiritual[11].

O conhecimento é, nesse sentido, produto da atividade humana de construção de sentido via linguagem; essa linguagem (imagem) é então relacionada com o repertório do intérprete, proporcionando as primeiras proposições sobre o objeto (raciocínio).

Na construção do conhecimento os seres humanos, por meio dos detalhes do objeto, captam os sentidos (por meio da intuição) e são representados na consciência, formando uma imagem mental daquilo com o que se depara, denominado como *antessala da consciência* por Víllem Flusser[12].

Essas articulações mentais realizadas pelo intérprete buscam oferecer algum sentido lógico ao extrato linguístico com o qual entrou em contato, como exemplifica Paulo de Barros Carvalho, ao citar que o intérprete, ao se deparar com a luz de um quarto acesa, imagina que há alguém no ambiente. A luz acesa é indício do fato hipotético que poderá ser confirmado[13].

No exemplo mediante os elementos à disposição no repertório do intérprete, o processo mental de raciocínio *construiu uma conclusão* que pretende ser corroborada por meio de uma inferência lógica ou de provas indiciárias.

Essas conclusões (construções) são materializadas por meio da *intuição*, essa sensação direcionada e incerta acerca de uma hipótese, cujo esforço do agente será em sua corroboração.

É certo que as conclusões intuitivas serão tão apuradas e qualificadas quanto sofisticado ou diversificado for o campo linguístico existente.

Esse campo, o sistema de referências, é justamente o conjunto de informações e regras a que se submetem os sujeitos.

No seio de um sistema de referência pertinente residem as melhores possibilidades de a intuição gerar ideias preciosas.

---

(11) SIMÕES, Thiago Taborda. *Contribuições sociais, aspectos tributários e previdenciários*. São Paulo: PUC-SP, 2011.
(12) FLÚSSER, Vílem. *Direito, língua e realidade*. 3. ed. São Paulo: Annablume, 2007. p. 40.
(13) Aulas ministradas no curso de Lógica Jurídica, Mestrado da Pontifícia de São Paulo, 1º semestre de 2011.

Neste estudo, pretende-se realizar uma análise sobre a suficiência do plano ou planejamento da seguridade social indicado pela norma constituinte, perquirindo em que medida a presença de um estudo detido, pormenorizado, pode influenciar os modelos de *"seguridade social"* já estabelecidos.

Para tanto, a investigação prescinde de um exame apropriado também do sistema de referência do Direito Previdenciário, pois nele supõe residir conceito de proteção social e seguridade social, sua fenomenologia e os suportes físicos das normas que o informam.

É possível que a escassez de medidas pertinentes ou de inércia de continuidade de programa para a Seguridade Social no Brasil se deva à inobservância dessa premissa elementar.

O objeto de proteção social esculpido para a Seguridade Social talvez jamais tenha sido analisado de modo inaugural e por isso careça de medidas com base fincada no atual sistema de referência.

Assim, neste trabalho, procura-se avaliar se a ideal implementação de um plano ou planejamento com base no repertório existente é capaz de influir em melhor realização da tarefa constitucional.

Neste tópico, discorreremos sobre o panorama da Proteção Social no Estado brasileiro com a inauguração da Seguridade Social nos moldes do art. 194 da Constituição de 1988, com toda a carga intervencionista do diploma, além de perpassarmos pela evolução histórica da experiência protetiva nacional.

Antes disso convém discorrer sobre o papel do Estado nesse cenário.

A obra do festejado autor Mattia Persiani[14], ao analisar a Previdência Social italiana, aponta com brilhantismo a figura do Estado no desenho institucional da Proteção Social.

Afirma o autor ser o Estado o tipo de organização social mais importante e que exerce sobre toda sociedade uma influência decisiva.

O campo econômico é a infraestrutura onde repousam com maior ou menor intensidade todos os demais fenômenos sociais, as alterações na política econômica do Estado nos dias atuais, em que é da própria essência do Estado o dever de intervir na esfera da economia privada por meio de processos típicos de direito público.

As finalidades econômicas do Estado, sejam elas de satisfação de suas necessidades de automanutenção ou se refiram ao seu ideal altruístico, devem procurar meios e processos de natureza financeira para se concretizarem.

---

(14)   PERSIANI, Mattia. *Direito da previdência social*. 14. ed. São Paulo: Quartier Latin, 2009.

O Estado Liberal procurava assumir uma política econômica caracterizada pela sua não interferência nas relações de produção.

Essa realidade acompanhada das mudanças observadas com o pós-Guerras e o Estado Liberal, promovem a construção de uma conclusão na qual se afirma que "o planejamento é pressuposto indispensável de todo o programa de ação política, econômica ou social"[15].

Com isso, torna-se notório que as ações do setor público sejam coordenadamente desenvolvidas e, como veremos adiante, não nos parece existir incompatibilidade intransponível entre a dinâmica imposta pelo mundo capitalista e o planejamento das ações sociais do Estado.

Caberá em seguida avaliar a construção normativa da Proteção Social, para então prosseguirmos com as minúcias da relação entre a mesma e o planejamento para a Seguridade Social, ou mesmo a justificativa deste.

---

(15) GRAU, Eros Roberto. *Planejamento econômico e regra jurídica*. São Paulo: Revista dos Tribunais, 1978.

2. Evolução dos Modelos de Proteção Social no Brasil

É certo que a experiência protetiva nacional é iniciada, a exemplo do cenário mundial, de modo esparso com a proteção de grupos específicos.

O histórico nacional é observado desde o Império, como lembra a importante doutrina de Russomano[16], que destaca três leis do período imperial relevantes na evolução legislativa nacional sobre o tema, sendo elas: i) a Lei n. 3.397, de 1888, que previa a criação de *caixa de socorros* para os trabalhadores das estradas de ferro de propriedade do Estado; ii) o Decreto n. 9.212-A, de 1889, que criou o *Montepio* para os empregados dos correios e, finalmente; iii) o Decreto n. 10.269, de 1889, que criou o fundo especial de pensões para os trabalhadores das oficinas da Imprensa Régia.

Como se vê, as primeiras leis, formatadas no Império, beneficiavam apenas algumas categorias e todas elas de trabalhadores dos serviços públicos, o que parece revelar a razão pela qual nossa Previdência Social se desenvolveu com base na proteção das atividades públicas, muito antes da extensão protetiva para as áreas das atividades privadas.

Assim, a base fundadora da Proteção Social pátria tem características ambíguas que, como observa Mattia Persiani[17], refletirão na configuração teórica do sistema previdenciário. As razões dessa ambiguidade podem ser facilmente individualizadas, considerando-se que todas as modalidades da tutela previdenciária foram instituídas antes e durante o ordenamento corporativo.

Com vistas ao emaranhado de normas e por força das concepções que caracterizavam esse ordenamento, tais modalidades constituíam a expressão de uma solidariedade limitada e ainda incompleta.

A Constituição republicana de 1891 deixou de contemplar expressamente o tema da Previdência Social; entretanto, o considerado "pesado silêncio"

---

(16) RUSSOMANO, Mozart Victor. *Comentários à consolidação das leis da previdência social.* São Paulo: Revista dos Tribunais, 1977.
(17) PERSIANI, Mattia. *Direito da previdência social.* 14. ed. São Paulo: Quartier Latin, 2009.

refletia a concepção dos constituintes da época de que a matéria seria de competência do legislador ordinário.

Contudo, merece destacar que a doutrina republicana, no final do século XIX, se mostrava perfeitamente cônscia do fenômeno social; tanto é assim que não é possível falar em redução legislativa à mudança de regime, tendo sido observado o mais rápido desenvolvimento da legislação nacional na área de proteção ao trabalho.

No tocante à legislação previdenciária, ainda é mantida a inquietante prática de leis dispersas.

Com cenário de pós-Grandes Guerras, o registro histórico da Previdência Social brasileira, como bem organiza Russomano, pode ser dividida em três grandes períodos:

> i) Começando com a Lei de Acidentes do Trabalho de 1919 e com a Lei n. 4.682/23, conhecida como lei Eloy Chaves, que criou a Caixa de Aposentadorias e Pensões que cumpriu bem sua função e serviu de caminho para medidas similares, tendo este período perdurado até os Decretos ns. 20.8465/31 e 21.081/32, que é considerada a primeira Lei Orgânica da Previdência Social, resultante da programação política e administrativa dos revolucionários de 1930;
>
> ii) O segundo período é marcado pelo crescimento acelerado das normas previdenciárias, e neste momento surgem os Institutos de Aposentadoria e Pensões (IAPs); abandonava-se assim a ideia de caixa de previdência em cada empresa, para se pensar de modo amplo e justo na organização de institutos especializados em razão da atividade profissional dos beneficiários. Com isso, se observa o Instituto de Aposentadoria e Pensão dos Marítimos, dos Comerciários, dos Bancários, dos Industriários, dentre outros;
>
> iii) O terceiro período começa com a promulgação da denominada Lei Orgânica dos Serviços Sociais, o Decreto-Lei n. 7.526/45, que em termos históricos, mostra-se em igual ou maior valor que a Lei Eloy Chaves, já que este decreto-lei foi a primeira medida concreta para a uniformização legislativa e para a unificação administrativa da Previdência Social brasileira.

Nessas três fases, a Lei Eloy Chaves conseguiu em termos práticos cumprir o seu papel, no sentido de que se mostrou como pioneira na criação de um "sistema previdencial"[18], o que não ocorreu com a Lei Orgânica dos Serviços Sociais.

---

(18) Expressão utilizada por Mozart Russomano, advinda da ideia de previdência, com significado de: ação de prever, precaução, cautela, conforme dicionário Priberam.

Isto porque, o decreto-lei em seu art. 26, continha dispositivo que impunha a expedição de regulamentação, o que jamais aconteceu, sequer sendo nomeada a Comissão que deveria criar o Plano de Organização do Instituto dos Serviços Sociais do Brasil.

O contexto aponta para o fato da deposição de Vargas e o Decreto-lei n. 7.526/45 não ter surtido efeito.

Entretanto, talvez pela primeira vez, restou ao menos registrada proposta normativa com seriedade e organização em bases técnicas e mais eficientes, para os serviços da Previdência Social, que naquela época experimentava a insuficiência de funcionamento e ainda observava a invasão de suas estruturas por interesses políticos que revelavam lamentáveis "trampolins" e "jogos partidários"[19].

Com isso, em verdade, a evolução da Previdência Social sofreu atraso de cerca de 20 (vinte) anos, como verificaremos; isto porque, como pretendemos afirmar neste trabalho, é imprescindível a ideal organização administrativa da Proteção Social, bem como seu planejamento, tarefas que pareciam ser o escopo do Decreto-lei de 1945, que não chegou a cumprir sua missão.

Nos anos que se seguiram, alguns instrumentos legais foram promulgados com o intuito de ajustar o emaranhado de normas existentes na configuração da Previdência Social, já que cada "caixa" ou "instituto" funcionavam sujeitos a normas regulamentares próprias, modelo que se mostrava insustentável.

É nesse cenário e com base na projeção das ideias de 1945 que surge a grande obra legislativa nacional na matéria, a Lei Orgânica da Previdência Social, em 25.8.1960, a Lei n. 3.807.

Alcunhada de LOPS e com mérito triunfal de representar o abandono definitivo da legislação esparsa, excessivamente abundantes, contraditórias, que se mostravam dificultosas para os administradores da Previdência Social, para os operadores, e especialmente para trabalhadores e empregadores.

A LOPS apresenta então os seguintes Títulos: I — Introdução (com o escopo de proteção unificado); II — Segurados, Dependentes, Inscrição; III — As Prestações; IV — o Custeio; V — Administração (estrutura administrativa e de orientação e controle, Departamento Nacional da Previdência Social, Conselho Superior da Previdência e Serviço Atuarial); VI — Instituições de Previdência Social; e VII — Dívida da União.

---

(19) RUSSOMANO, Mozart Victor. *Comentários à consolidação das leis da previdência social*. São Paulo: Revista dos Tribunais, 1977.

Como se vê, a riqueza de aparato organizacional produzida pela LOPS é de fato singular; teremos nesta fase a definição de custeio tripartido efetivamente da Previdência, ocorrendo entre cidadão, empresa e Estado. Vejamos o que dispunha o art. 69 da LOPS:

"Art. 69. O custeio da previdência social será atendido pelas contribuições:

a) dos segurados, em geral, em porcentagem de 6% (seis por cento) a 8% (oito por cento) sobre o seu salário de contribuição, não podendo incidir sobre importância cinco vezes superior ao salário mínimo mensal de maior valor vigente no país;

b) dos segurados de que trata o § 1º do art. 22, em porcentagem igual à que vigorar no Instituto de Previdência e Assistência dos Servidores do Estado, sobre o vencimento, remuneração ou salário, acrescido da que for fixada no 'Plano de Custeio da Previdência Social ;

c) das empresas, em quantia igual à que for devida pelos segurados a seu serviço, inclusive os de que trata o inciso III do art. 5º;

d) da União, em quantia igual ao total das contribuições de que trata a alínea *a*, destinada a custear o pagamento do pessoal e as despesas de administração geral das instituições de previdência social, bem como a cobrir as insuficiências financeiras e os 'déficits' técnicos verificados nas mesmas instituições;

e) dos trabalhadores autônomos, em porcentagem igual à estabelecida na conformidade da alínea *a* (...)."

Ocorre que, posteriormente, com o Decreto-lei n. 66/66, *a contribuição da União deixou de ser igual à dos segurados*, sendo que esta não participaria mais do custeio da Proteção Social, tornando-se responsável pelas despesas de administração geral, inclusive pessoal, e pela cobertura das insuficiências financeiras.

Contudo, o que de fato ocorreu é que a União deixou de horrar esse compromisso pouco depois, acumulando dívidas com a Previdência[20].

Em seguida, o Decreto-lei n. 72/66 surge unificando as caixas e institutos, criando o Instituto Nacional da Previdência Social — INPS.

---

(20) TEIXEIRA, Aloísio. Prefácio. In: ARAÚJO, Odília Sousa de. *A reforma da previdência social brasileira no contexto das reformas do Estado*: 1988 a 1998. Natal: EDUFRN, UFRN, 2004.

Esta entidade autárquica vinculada ao então Ministério do Trabalho e Previdência Social, e representante do sistema geral de previdência social, dentre suas atribuições: extinguiu a personalidade jurídica dos Institutos de Aposentadoria e Pensões, determinou a destinação do produto arrecadado das denominadas quotas de previdência e definiu o processo administrativo previdenciário.

Esse princípio de organização estimulou o crescimento da Proteção Social. Entretanto, a compreensão e a administração desta proteção ainda se mostravam tumultuadas ante à imensidão de normas esparsas.

Tal circunstância revelou a importância da consolidação das normas previdenciárias, a exemplo do quanto já havia se produzido na legislação trabalhista.

Nesse sentido, superada a fase de unificar as regras sobre Previdência Social, o que foi possível com sucesso pela LOPS, a evolução legislativa da Previdência, já unificada, dependia ainda da interligação das demais normas surgidas após este cenário.

Nessa senda, o Decreto n. 77.077, de 24.1.1976, é elaborado com o objetivo de mais uma vez aproximar estas regras, atendendo ao já apontado pela Lei n. 6.243/75, como se vê:

> "Art. 6º O Poder Executivo expedirá, por decreto, dentro de 60 (sessenta) dias da data da publicação desta Lei, a consolidação da Lei Orgânica da Previdência Social, com a respectiva legislação complementar, em texto único revisto, atualizado e remunerado, sem alteração da matéria legal substantiva, repetindo anualmente essa providência."

Em verdade, o que se fez, nesse momento posterior, foi uma reforma política e administrativa, com objetivo de conscientizar a gestão, criar meio de controle na concessão de benefícios e solucionar questões financeiras da Previdência.

No entanto, esses ajustes não foram capazes de ultrapassar a concepção pulverizada e excludente que até então prevalecia.

A uniformização que se propiciou dos planos e benefícios conseguiu equilibrar certa discriminação que existia, não sendo suficiente para eliminar a estrutura fragmentária e não universal do sistema.

Tal afirmação é possível porquanto de fato não havia alteração na estrutura dos institutos, apenas um amadurecimento burocrático procurando reduzir custo, mas ainda longe do ideal de Beveridge, já que não mostrava oferecer uma resposta real aos problemas dos trabalhadores.

A tese defendida por Denise Lobo Gentil[21] aborda com lucidez que o sistema participativo de cogestão administrada foi suprimido e a administração foi centralizada no Distrito Federal, comandada por um presidente, citando ainda excelente lição de Aloísio Teixeira[22], ao descrever a gestão previdenciária no período autoritário:

> "Um dos instrumentos sempre apontados para a cooptação da liderança sindical era o dos institutos previdenciários. Sob o regime militar, o sistema previdenciário continuou a desempenhar importante papel no jogo político, mas sob um novo formato. O clientelismo transfigurou-se, deixando de se exercer sobre uma base sindical e por categoria profissional para adquirir uma base regional; abandonou o sindicato e introjetou-se definitivamente no sistema político-eleitoral. O processo decisório, por sua vez, no âmbito do Instituto Nacional de Previdência Social — INPS, tornou-se inteiramente impermeável à influência direta tanto das empresas quanto dos trabalhadores (que foram excluídos de sua direção).
>
> Com isso, pode-se ter uma visão mais clara da ambiguidade do processo de modernização vivido pela Previdência nesses anos, em que a ampliação da cobertura que o acompanha surge como uma espécie de contrapartida à repressão das demandas sociais, praticada pelo regime autoritário."

Alguns afirmam que as mudanças introduzidas na Previdência Social foram feitas como forma de legitimação, já que os direitos sociais dos segurados não modificavam os deveres de submissão dos cidadãos.

Ainda nesse contexto evolutivo cabe ressaltar importante alteração ocorrida no direito trabalhista que impactará de modo significativo a Proteção Social. Trata-se do surgimento do FGTS — Fundo de Garantia do Tempo de Serviço, criado em contrapartida à extinção do estatuto da estabilidade no emprego após 10 anos de serviço, que vigorava desde 1943.

Este fundo se mostrou como verdadeiro instrumento capaz de adaptar a política social às novas condições impostas pelas transformações na estrutura do capital, que exigiam mão de obra móvel e eficaz, e a bem da verdade, permitir à atividade privada gestão de sua atividade no tocante ao quadro de colaboradores.

---

(21) *Política fiscal e falsa crise da seguridade social brasileira:* análise financeira do período 1990-2005. Tese de Doutorado em Economia, 2006.
(22) TEIXEIRA, Aloísio. Prefácio. In: ARAÚJO, Odília Sousa de. *A reforma da previdência social brasileira no contexto das reformas do Estado*: 1988 a 1998. Natal: EDUFRN, UFRN, 2004. p. 23.

Na mesma esteira, outros avanços legislativos ocorridos na sequência refletem grande importância, sendo eles: 1) a criação do Programa de Integração Social (PIS), em 1970; 2) o Programa de Assistência ao Trabalhador Rural (PRORURAL), em 1971, com execução a cargo do Fundo de Assistência ao Trabalhador Rural (FUNRURAL), que incluía os trabalhadores rurais na Previdência — com um plano de benefícios (é certo muito inferior, pois a aposentadoria correspondia, então, a 50% do salário mínimo — e estabelecendo uma solidariedade formal entre a área urbana e rural por meio do custeio dos benefícios — uma vez que não havia contribuição direta); 3) a inclusão dos empregados domésticos, com a Lei n. 5.859, de 1972; e, 4) a inclusão dos trabalhadores autônomos, com a Lei n. 5.890, de 1973.

Contudo, permanecia a exclusão de parte mais carente da população que não contribuía para a Previdência Social e que restavam sem nenhum acesso a serviços médicos, mantendo-se a desigualdade.

O setor privado atendia aos mais abastados, com planos destinados a grupos seletos de classes médias, os serviços públicos para pagantes da Previdência e a "caridade" para os pobres.

Faleiros[23] comenta a tardia inclusão do trabalhador rural e dos empregados domésticos nos benefícios previdenciários dizendo que: *"o campesinato, isolado e submetido à dominação paternalista da oligarquia rural, constituiu-se na América Latina, no grupo excluído, até muito recentemente, dos seguros sociais, até que seus movimentos tivessem presença na cena política e, na medida em que o capitalismo e o regime assalariado fossem introduzidos no campo. Como o campesinato, os empregados domésticos, integrados e submetidos ao paternalismo familiar, também ficaram excluídos dos seguros sociais".*

Com a unificação dos sistemas, em 1977, por meio da Lei n. 6.439, cria-se o Sistema Nacional de Previdência e Assistência Social (SINPAS), objetivando integrar as funções de concessão e manutenção de benefícios, prestação de serviços, custeio de atividades e programas, e gestão administrativa, financeira e patrimonial da previdência e assistência social, sob a orientação, coordenação e controle do Ministério da Previdência e Assistência Social (MPSA).

Para o cumprimento dessa missão, foram criados: o Instituto Nacional de Assistência Médica da Previdência Social (INAMPS), o Instituto Nacional de Previdência Social (INPS), o Instituto Nacional de Administração da Previdência Social (IAPAS), a Central de Medicamentos (CEME), a Empresa de Processamento de Dados da Previdência Social (DATAPREV), Fundação

---

(23) *Política fiscal e falsa crise da seguridade social brasileira:* análise financeira do período 1990-2005. Tese de Doutorado em Economia, 2006.

Nacional de Bem-Estar do Menor (FUNABEM) e a Legião Brasileira de Assistência (LBA). Também foi extinto o FUNRURAL e o IPASE, transferindo-se para o INPS a responsabilidade de conceder e manter os benefícios dos trabalhadores rurais e dos servidores públicos.

O movimento de criação do SINPAS não mudou as bases anteriores de sustentação e nem se articulou como um projeto de cidadania universal. Na verdade, estava longe de ser um movimento de cidadania. Era a continuidade de um modelo fragmentado e desigual de incorporação social em estratos de acesso.

Prosseguiu funcionando o regime de repartição simples.

Pelo que se constata, o SINPAS, além de assumir o ônus da previdência dos servidores públicos, com a extinção do IPASE, ainda herdou os vícios que acompanham a trajetória da previdência social no país: ingerência político-partidária, dilapidação do patrimônio, malversação das reservas técnicas, fraudes e sonegação de contribuições que, a partir do mau exemplo da União, foram seguidos por Estados e Municípios.

As décadas de 1970 e 1980 são consideradas importantes por terem gerado grandes avanços no sistema previdenciário brasileiro. Muitos benefícios foram criados nesse período como: salário-maternidade, renda mensal vitalícia para idosos e inválidos, aposentadorias e pensões para a força de trabalho rural, inclusão dos empregados domésticos, extensão dos benefícios de acidentes do trabalho aos trabalhadores rurais e outros.

As ações fragmentadas e inconclusas de previdência, assistência e de saúde, os poucos direitos previdenciários e de acesso à saúde pública, foram se constituindo na lógica de seguro, esbarrava em contradições, conforme se verifica no trabalho de Boschetti[24], que aponta referir-se aos acessos à saúde e aos direitos previdenciários, que, por estarem condicionados à prévia contribuição, tinham um caráter mais de direitos atrelados ao trabalho do que à cidadania.

Ademais, tais ações ainda apontavam para a exigência de contribuição em um país cujo cenário ainda não permitia uma condição salarial generalizada a toda, ou a quase toda, população economicamente ativa.

Nesse sentido, esses direitos, consequentemente, só atingiam uma pequena parcela da população, deixando de fora um enorme contingente de desprotegidos.

---

(24) BOSCHETTI, Ivanete. *Seguridade social e trabalho:* paradoxos na construção das políticas de previdência e assistência social no Brasil. Brasília: Letras Livres; UnB, 2006.

Contudo, o enredo evolutivo revela o paulatino implemento significativo da Proteção Social no cenário nacional e que esta passaria a ser premiada, ao menos institucionalmente, com a Constituição de 1988.

O processo constituinte de 1988 e a promulgação da nova ordem constitucional se apresentam como verdadeiro paradigma na história brasileira.

Em nenhum momento anterior a sociedade brasileira alcançara tamanha maturidade como nação e como povo.

Nem mesmo as críticas acerca das pressões das corporações, como as associações comerciais, os sindicatos e instituições como a Ordem dos Advogados do Brasil e a Federação das Indústrias do Estado de São Paulo, podem frustrar o prestígio e conquista que representou a elaboração da Constituição, contando com a participação da sociedade e da representação política partidária, como se observa nos anais da constituinte[25].

No campo da Proteção Social, o foco deste trabalho, muitos avanços foram conquistados, especialmente no que se relaciona à percepção de que os problemas sociais não poderiam ser tratados de maneira isolada.

Com isso, o texto constitucional trouxe de modo magnânimo a finalidade da "Ordem Social", reafirmando como observa o Professor Wagner Balera[26], a "existência de certos direitos sem os quais não se concebe vida humana digna", tendo a Seguridade Social característica instrumental de suma importância para o desenvolvimento da pessoa humana.

Nessa linha é que se deve avaliar a proposta programática da "Ordem Social", que se baseia no primado do trabalho e por meio dele garantirá a dignificação da pessoa humana em busca do bem-estar social e da justiça social.

As ações do Estado em conjunto com a sociedade é que proporcionarão a proteção total dos indivíduos, ou sua quase totalidade.

Os três instrumentos que nossa ordem legal de 1988 consagrou, de modo inaugural, adotam o quanto anotado nos estudos do Plano Beveridge, já aqui comentado, e representam: a saúde, a previdência e a assistência social.

Como adverte Balera, "*A articulação dessas estruturas é tarefa das mais complexas. Envolve uma multiplicidade de órgãos, de práticas, de técnicas e um arcabouço normativo que se espraia por todos os níveis de Poder: o Federal, o*

---

(25) Disponível em: <http://www12.senado.gov.br/noticias/materias/2008/10/01/comissao-afonso-arinos-elaborou-anteprojeto-de-constituicao>.
(26) BALERA, Wagner. *A seguridade social na Constituição de 1988*. São Paulo: Revista dos Tribunais, 1989.

Estadual e o Municipal e, mais ainda, por distintos regimes de proteção existentes num mesmo nível".

Não é por outra razão que o professor propõe o "sistema de seguridade social" que será composto: do sistema de saúde, do sistema de previdência e do sistema de assistência social.

A Constituição em seu art. 194 traz a definição de seguridade social como o:

> "(...) conjunto integrado de ações de iniciativa dos poderes públicos e da sociedade destinadas a assegurar os direitos relativos à saúde, à previdência e à assistência social."

O texto constitucional apresenta um competente rol de princípios que serão adiante explorados, sendo que o princípio da universalidade da cobertura e do atendimento expressa de modo significativo a mudança e amadurecimento da proteção, ao contemplar todas as contingências sociais que geram necessidade de proteção social, a todos os indivíduos, indistintamente.

Esse peculiar princípio incorpora uma reformulação fundamental dos direitos sociais do cidadão do Estado moderno. Um novo pacto social se estabeleceu a partir dali, com mudanças nas relações entre Estado e sociedade. Parece-nos clara a intenção de construção de uma matriz constitucional de aproximação com o modelo de Estado de Bem-estar Social.

Pode-se afirmar que até a Constituição de 1988, o sistema público de saúde disputava recursos em âmbito federal, em dois campos, sendo um na seara previdenciária, com a repartição do orçamento do Sistema Nacional de Previdência e Assistência Social — SINPAS, com as três linhas programáticas desse sistema: benefícios previdenciários, ações de assistência social e atendimento médico-hospitalar.

No orçamento do SINPAS não havia apreciação pelo Congresso Nacional e, o que levava a participação a ocorrer de modo autônomo, não existindo interferência do órgão orçamentário central.

As receitas do SINPAS eram arrecadadas pela própria previdência social, e, por essa razão, não se confundia com os recursos que compunham o orçamento fiscal.

No artigo de Solon Vianna de 1991, observamos que a contribuição da União para o SINPAS, oriunda do orçamento fiscal, se mostrava simbólica: entre 1971 e 1988, apenas em dois anos (1971 e 1984) correspondeu a mais de 10% da receita total do SINPAS. Os dois últimos anos da série registraram as menores taxas (0,8% e 0,6%), conforme aponta a Tabela abaixo:

TABELA 1 — PARTICIPAÇÃO (%) DAS TRANSFERÊNCIAS DA UNIÃO NO ORÇAMENTO DO SINPAS 1971 — 1988

ANO	PORCENTAGEM	ANO	PORCENTAGEM
1971	10,9	1980	5,2
1972	9,8	1981	9,5
1973	8,5	1982	9,7
1974	6,9	1983	8,2
1975	6,2	1984	11,6
1976	6,2	1985	4,4
1977	7,1	1986	3,9
1978	5,9	1987	0,8
1979	5,0	1988	0,6

Fontes: Grupo de custeio do MPAS, Balanços do FPAS e SINTESE. In: OLIVEIRA, F. et al. Metodologia de Projeção dos Gastos Previdenciários e Assistenciais. Rio de Janeiro, IPEA (INPES) 1990 (Estudos sobre Economia do Setor Público, nº 4)

A outra forma de recurso da saúde ficava por conta do orçamento fiscal, sendo que os programas a cargo do Ministério da Saúde, concorriam com educação, justiça, transportes, defesa nacional, previdência do servidor público e demais responsabilidades da União.

A formatação unificada de Previdência, Assistência e Saúde mereceu acirrada discussão e não integrava as propostas apresentadas aos anteprojetos, como retira-se exemplos do texto de Solon[27], caminhavam em sentido bastante divergentes, mantendo a Saúde longe da Previdência e da Assistência Social.

Por essa razão, a inclusão do conceito de seguridade social com a carta política de 1988 recebe destacado prestígio pela incorporação dessa visão que já se mostrava a realidade globalmente.

---

(27) VIANNA, Solon Magalhães. A seguridade social, o sistema único de saúde e a partilha dos recursos. *Mesa Redonda sobre Financiamento da Saúde no Brasil*, 21.6.1991, São Paulo: Faculdade de Saúde Pública da USP. Ciclo de mesas-redondas: "A crise da saúde: estrangulamento, perspectiva e saída". Autor: técnico do Instituto de Pesquisa Econômica Aplicada — IPEA e Presidente da Associação Brasileira de Economia da Saúde — ABrES.

3. DA ESTRUTURA DA SEGURIDADE SOCIAL COM A CONSTITUIÇÃO FEDERAL DE 1988

Como vimos, com a promulgação da Constituição Federal de 1988 e a consagração da Seguridade Social, o Estado assume relevante empreitada na área social e passa a depender de elementos que permitam a realização deste objetivo, consagrado no Capítulo da Ordem Social, tradução da busca pela justiça social.

Cônscios da necessidade de instrumentalizar a conquista destacada na ordem legal de 1988, o constituinte não se furtou em traçar elementos e *células* fundamentais para a composição desse abrangente sistema protecional.

Não é demais lembrarmos que os princípios de *seguridade social* foram desenvolvidos por mais de um século, principalmente por meio do esforço da Organização Internacional do Trabalho, inspirada pelos trabalhos de Beveridge, e pela acurada percepção da evolução destes estudos mundo afora.

Mais cedo nos antecipamos a comentar a presença indispensável do princípio da universalidade inserido no art. 194 da CF/88, sem o qual não haveria que se falar em *seguridade social*. Restava então analisar cada um dos princípios que passaram a compor o sistema de proteção constitucional.

Contudo, para a real compreensão da relevância e magnitude destes princípios/objetivos que contornam e orientam o modelo de seguridade social pátrio, entendemos pertinente discorrer sobre "um dos fundamentos do sistema jurídico-positivo"[28]: o conceito de princípio.

Balera referendando obra de José Puig Brutau, considera-o como "autorizado ponto de partida para o raciocínio jurídico"[29].

---

(28) BALERA, Wagner. *Noções preliminares de direito previdenciário*. São Paulo: Quartier Latin, 2004. p. 81.
(29) *Idem*.

À lição de Paulo de Barros Carvalho, se observa que o vocábulo "princípio" é polissêmico e por isso comporta uma infinidade de acepções que podem variar segundo os valores da sociedade em uma determinada época[30].

Ainda sobre essa relação de definição do vocábulo, o professor Oswaldo de Souza Santos Filho, em sua tese de doutorado[31] aponta:

> "Os princípios são as estruturas do edifício de um ordenamento jurídico. São os princípios os fundamentos últimos de uma dada ciência, o ponto inicial para qualquer investigação ou especulação. Podemos conhecer a civilização de um povo pelos princípios morais e jurídicos adotados."

É com base neste conceito de "princípio" que o Constituinte de 1988 sedimentou rol de verdadeiros fundamentos que servirão de alicerce para a Seguridade Social, princípios caracterizados com valor de normas "maiores" repletas de carga axiológica e dirigidas especialmente ao Poder Público como guia para a organização do sistema protetivo, que se consolida na então figura da Seguridade Social.

Permitiremo-nos aqui repetir o texto constitucional e, na sequência, discorrer sobre cada um dos princípios/objetivos elencados no parágrafo único do art. 194:

> "Art. 194. A seguridade social compreende um conjunto integrado de ações de iniciativa dos Poderes Públicos e da sociedade, destinadas a assegurar os direitos relativos à saúde, à previdência e à assistência social.
>
> Parágrafo único. Compete ao Poder Público, nos termos da lei, organizar a seguridade social, com base nos seguintes objetivos:
>
> I — universalidade da cobertura e do atendimento;
>
> II — uniformidade e equivalência dos benefícios e serviços às populações urbanas e rurais;
>
> III — seletividade e distributividade na prestação dos benefícios e serviços;
>
> IV — irredutibilidade do valor dos benefícios;

---

(30) CARVALHO, Paulo de Barros. *Direito tributário, linguagem e método*. 2. ed. São Paulo: Noeses, 2008. p. 248.
(31) SANTOS FILHO, Oswaldo de Souza. *Princípio da automaticidade e automação dos benefícios previdenciários no regime geral brasileiro*. São Paulo. Tese de Doutorado em Direito — Faculdade de Direito, Pontifícia Universidade Católica de São Paulo, 2004.

V — equidade na forma de participação no custeio;

VI — diversidade da base de financiamento;

VII — caráter democrático e descentralizado da administração, mediante gestão quadripartite, com participação dos trabalhadores, dos empregadores, dos aposentados e do Governo nos órgãos colegiados."

I) Da universalidade da cobertura e do atendimento

Como já abordado, trata-se de um princípio peculiar que pode ser, como em verdade é, considerado o mais importante princípio da Seguridade Social, concebido para fazer frente ao ponto nevrálgico nos planos de proteção existentes no passado que era justamente o direito conferido apenas a algumas minorias.

Na dissertação de mestrado de Thiago Siqueira[32], extrai-se interessante trecho sobre o princípio em comento:

> "A universalidade, por seu caráter igualitário fundado no fato de todas as pessoas serem membros indissociáveis da família humana, é o ideal a ser perseguido de que todo aquele em estado de necessidade deve ser amparado pelo Estado brasileiro por meio do seu Sistema de Seguridade Social."

É com base nessa premissa da universalidade que a norma constitucional determina o funcionamento da Seguridade Social de modo que se constitua instrumental jurídico, nos moldes do relatório elaborado por Beveridge[33]:

> "Para evitar que a interrupção ou destruição da capacidade produtiva conduza à miséria, é preciso aperfeiçoar os atuais projetos de seguro social em três direções: estendendo o seu alcance, a fim de abranger pessoas presentemente excluídas; ampliando os seus fins de cobrir riscos também atualmente excluídos; e aumentando as taxas de benefício."

Nesse sentido, o princípio da universalidade consagra o ambicioso ideal de proteger todos os indivíduos de todos os males, marcando diferencial histórico entre os velhos modelos de seguro social.

---
(32) SIQUEIRA, Thiago de Barros. *A proteção da idade avançada no regime geral de previdência social*. São Paulo: Modelo, 2011.
(33) BEVERIDGE, William. *O plano Beveride. Relatório sobre seguros sociais e serviços afins*. Tradução Almir de Andrade. Rio de Janeiro: José Olympio, 1943. p. 13.

Eis lição de Wagner Balera[34] em obra publicada com o advento da Constitucional de 1988, em cenário nacional que já mostrava evolução sobre o tema, mas que ainda carecia enfrentar as desigualdades:

"Por superar a concepção estrita de um seguro, que somente beneficia aos que a ele aderem mediante contribuições adrede pactuadas, a seguridade social tem como pedra angular a universalidade. É que se trata de um esquema protetivo amplo, moldado a partir da constatação, até certo ponto óbvia, de que sem a superação da miséria e das desigualdades não há bem-estar nem justiça social."

Ainda com espeque nos ensinamentos de Balera que explica merecer destaque a dupla dimensão da universalidade: uma objetiva (universalidade da cobertura) e outra subjetiva (universalidade do atendimento).

Na dimensão objetiva seleciona-se os eventos que levam ao estado de necessidade, determinando que todos eles sejam cobertos pelo Sistema de Seguridade Social Brasileiro. Na dimensão subjetiva, a universalidade relaciona-se aos sujeitos protegidos, determinando que a proteção social seja estendida a todas as pessoas, sem exceção.

Interessante a visão da jurista espanhola Maria de Los Santos Alonso Ligero[35]:

"(...) la Seguridad Social debe aspirar a lograr nuevas realizaciones, a fin de seguir la evolución de las necesidades y las aspiraciones de las nuevas sociedades industriales."

Apenas com essa amplitude é possível alcançar o estágio de proteção almejado, no qual nenhuma pessoa permanecerá em estado de necessidade social e com a universalização poder-se-á sempre se aproximar da existência de proteção do indivíduo "do berço ao túmulo".

Ainda preconiza Heloisa Derzi[36] que "a Seguridade Social, constitucionalmente posta, é um sistema incompleto, um 'devir' composto de normas valorativas que norteiam e iluminam o caminho a ser seguido na 'busca de uma sociedade livre, justa e solidária', para 'o desenvolvimento econômico e o bem-estar humano e social'".

---

(34) BALERA, Wagner. *A seguridade social na Constituição de 1988.* São Paulo: Revista dos Tribunais, 1989. p. 35.
(35) ALONSO LIGERO, María de los Santos. Los servicios sociales y la seguridad social. *Revista Iberoamericana de Seguridad Social,* n. 1, p. 1507, 1971.
(36) DERZI, Heloisa Hernandez. *Os beneficiários da pensão por morte.* São Paulo: Lex, 2004. p. 127.

Ante a amplitude que propicia a capacidade de renovação que confere ao sistema, não é exagero insistir que *a universalidade da cobertura e do atendimento* se apresenta como o principal princípio/objetivo afirmado no art. 194 da Constituição Federal de 1988.

II) Uniformidade e equivalência dos benefícios e serviços às populações urbanas e rurais

O princípio disposto no inciso II do parágrafo único do artigo 194 encontra simetria com o que prevê o princípio/objetivo anterior, especialmente por representar a correção de uma longa injustiça do Estado brasileiro com as populações rurais.

Conforme exposto no tópico sobre a evolução histórica da Proteção Social, é possível afirmar que a primeira relevante disposição sobre proteção social à população rural se deu com um atraso de quarenta anos se comparada à urbana (por meio da Lei n. 4.214/1963 que criou o Estatuto do Trabalhador Rural).

As medidas ainda assim revelavam-se infinitamente menores que aquelas existentes para os trabalhadores urbanos, prevalecendo na doutrina a tese de tratar-se de *medidas assistenciais*[37].

O professor Balera afirma que desde então "o homem do campo permanecia entregue à sua própria sorte"[38].

E continua ponderando que além do baixo valor dos benefícios, se comparados com os do meio urbano, aponta, ainda no rol de prestações, outra injustificada diferenciação:

> *"Complementando essa odiosa discriminação, vem outra do mesmo calibre: a distinção entre o rol de prestações num e noutro dos sistemas protetivos. Ao beneficiário urbano, a legislação diferia nada menos que dezenove espécies de benefícios, enquanto o rural tinha direito a apenas cinco prestações desse tipo. Com o objetivo da equivalência não mais haverá essa distinção. Um mesmo rol de prestações beneficiará as populações urbanas e rurais."*[39]

Tendo em vista que a proteção social aos trabalhadores do meio rural durante muitos anos se resumiu ao assistencialismo e raros benefícios, o que

---
(37)   LEITE, Celso Barroso. *Previdência social:* atualidades e tendências. São Paulo: LTr, 1973. p. 42.
(38)   BALERA, Wagner. *A seguridade social na Constituição de 1988.* São Paulo: Revista dos Tribunais, 1989. p. 36.
(39)   *Ibidem*, p. 37.

se revelava insuficiente para o amparo daqueles trabalhadores diante de suas necessidades e peculiaridades decorrentes do trabalho exercido no campo.

Nesse contexto, o princípio da uniformidade e equivalência dos benefícios e serviços às populações urbanas e rurais, reafirmou no texto constitucional a premissa da igualdade e o intento da justiça social, no sentido de que todos têm direito ao mesmo nível de proteção social.

Tamanha a preocupação do constituinte com esta reparação à população rural que a equivalência não se limitou ao campo da seguridade, consagrando-se também no rol de direitos trabalhistas do art. 7º da Carta Magna.

Portanto, a interpretação que decorre desse princípio/objetivo é que a uniformidade seja compreendida como um comando constitucional para existência de rol de prestações extensivas e concomitantes tanto ao meio urbano quanto ao rural.

De outra ponta, a *equivalência* retrata a necessidade de proteção social em mesma medida para ambas as populações, impedindo a existência de injustificadas distinções.

É certo que há peculiaridades entre a população urbana e rural, contudo, inadmissível no Estado de Direito a inexistência de idêntica oportunidade de acesso à malha protetiva.

III) Seletividade e distributividade na prestação dos benefícios e serviços

Ao estabelecer que a Seguridade Social deve se organizar com base no objetivo de seletividade e distributividade na prestação dos benefícios e serviços, ordenou o constituinte que a atuação da sociedade se paute em prestações e medidas adequadas a amparar de forma eficiente um maior contingente populacional.

Sobre o tema lapidar, a obra de Marisa Ferreira dos Santos[40]:

> "A 'seletividade' diz quais são as contingências-necessidades objetos da relação jurídica de seguridade social. A 'distributividade' fixa o grau de proteção a que terão direito os beneficiários das prestações previamente selecionadas.

---

(40) SANTOS, Marisa Ferreira dos. *Princípio da seletividade das prestações de seguridade social.* São Paulo: LTr, 2003. p. 180-181.

(...)

A 'seletividade' destina-se à garantia dos mínimos vitais necessários à obtenção de bem-estar. A 'distributividade' visa à redução das desigualdades sociais e regionais, com o que implementa a justiça social.

A 'seletividade' e a 'distributividade', então, são instrumentos que, no campo da seguridade social, viabilizam a consecução dos objetivos da Ordem Social."

Ainda, da obra de Wagner Balera[41] coletamos:

"Instituindo um elenco de prestações que, consideradas em seu conjunto, proporcionam aos beneficiários a justa situação social que lhes assegura o Estado Supremo, o legislador — animado por critérios de política social que escapam ao conhecimento do jurista — esgota o momento da seletividade. É, em suma, o próprio direito positivo quem terá cumprido o objetivo da seletividade.

(...) A distributividade consiste na identificação daqueles bens que, mais do que por um direito próprio do indivíduo, são devidos por serem comuns, como sabiamente expressa São Tomás de Aquino."

Em linhas gerais é possível inferir que o princípio/objetivo da seletividade e distributividade pretende imprimir racionalidade à distribuição da Proteção Social, orientando o legislador a disponibilizar prestações sociais com maior potencial de efetividade protetiva, com a seleção dos eventos mais carentes de amparo social (seletividade) e/ou delimitar o contingente de beneficiários mais necessitados de proteção (distributividade).

Interessante o exemplo trazido por Fábio Zambitte Ibrahim[42], que retrata a utilização do princípio e traz à tona latente discussão:

"A seletividade foi corretamente aplicada ao salário-família pela Emenda Constitucional n. 20/98, benefício de baixo valor, mas de importância para segurados de baixa renda. Não há razão para o pagamento desta prestação aos segurados mais abastados."

Aproveitando o exemplo citado, destacamos, ao mesmo tempo, a existência de questionamento do legislador ordinário acerca da necessidade de maior

---

(41) BALERA, Wagner. *A seguridade social na Constituição de 1988*. São Paulo: Revista dos Tribunais, 1989. p. 38-40.
(42) IBRAHIM, Fábio Zambitte. *Curso de direito previdenciário*. 8. ed. São Paulo: Impetus, 2006. p. 55.

precisão ou adequação do traço para o atendimento do princípio em comento, impedindo que portarias e instruções normativas proporcionem o conflito entre os princípios/objetivos dos sistemas estampados no art. 194 da CF/88.

Isto porque o mesmo "salário-família" elogiado pela iniciativa seletiva de ser direcionado à parcela mais necessitada da sociedade, acaba por proporcionar difícil situação entre a população selecionada, posto que as faixas atualmente definidas por norma infralegal (portaria interministerial)[43] para concessão do benefício, não raro podem eliminar segurados que se encontram em tênue limite do corte legislativo (segurado com ganho de R$ 972,00 e com quatro filhos fica fora do campo de proteção em detrimento de segurado com um filho e ganho de R$ 971,00, no exemplo).

Tal cenário impõe em verdade à própria sociedade, por meio de seus representantes, maior participação na sugestão de soluções que se mostrem encaixadas à realidade, instrumentalizando o Poder Público em sua "tática de intervenção"[44], conforme abordaremos adiante com o princípio da gestão quatripartite.

É certo que por meio do princípio constitucional da seletividade e distributividade é possível adequar a utilização dos recursos, procurando, por meio da aplicação racional dos mesmos, otimizar a proteção social possível enquanto não se atinge o ideal objetivo e subjetivo de proteção.

IV) Irredutibilidade do valor dos benefícios

O princípio que passamos a abordar é responsável por introduzir, na ordem jurídica, a vedação à redução dos valores das prestações/benefícios já concedidas e mantidas pela Seguridade Social.

O objetivo desta garantia é de que uma vez concedido um benefício vitalício, impossível a sua redução por tratar-se de verdadeiro direito adquirido, e ainda, em especial, porque a redução dos benefícios certamente devolveria seus beneficiários a um estado de necessidade social, que se

---

(43)   Portaria Interministerial n. 15, de janeiro de 2013:
(...) Art. 4º O valor da cota do salário-família por filho ou equiparado de qualquer condição, até 14 (quatorze) anos de idade, ou inválido de qualquer idade, a partir de 1º de janeiro de 2013, é de:
I — R$ 33,16 (trinta e três reais e dezesseis centavos) **para o segurado com remuneração mensal não superior a R$ 646,55 (seiscentos e quarenta e seis reais e cinquenta e cinco centavos)**;
II — R$ 23,36 (vinte e três reais e trinta e seis centavos) para o segurado com remuneração **mensal superior a R$ 646,55 (seiscentos e quarenta e seis reais e cinquenta e cinco centavos) e igual ou inferior a R$ 971,78 (novecentos e setenta e um real e setenta e oito centavos)**. (g. n.)
(44)   BALERA, Wagner. *Noções preliminares de direito previdenciário.* São Paulo: Quartier Latin, 2004. p. 86.

contrapõe aos ideais adotados pela Ordem Social do Estado brasileiro, com a Constituição de 1988.

A discutida e aclamada irredutibilidade é um direito concedido não só aos beneficiários da Seguridade, mas também aos trabalhadores rurais e urbanos e aos servidores públicos, que têm garantia, nos termos dos arts. 7º, inciso VI e 37, inciso XV, da Carta Magna, da irredutibilidade da sua remuneração (dos salários, dos vencimentos e dos subsídios).

Com esse dispositivo o que ocorre é que após a concessão de qualquer prestação pela Seguridade Social é vedada a redução do seu valor[45], que será conservado enquanto durar a sua manutenção, acompanhada por ajustes periódicos, nos termos da legislação pertinente.

De todo modo, indiscutível que para que a proteção social se concretize há que ser mantida não só a irredutibilidade monetária (quantitativo) dos benefícios, mas também a irredutibilidade do seu valor real (qualitativo), devendo ser conservado o poder de compra dos mesmos, em decorrência dos aumentos concedidos periodicamente.

Conforme aponta Horvath Júnior[46]: "o princípio da irredutibilidade visa manter o poder real de compra, protegendo os benefícios dos efeitos maléficos da inflação".

Imperioso apontar que, entendemos que o princípio da irredutibilidade dos valores dos benefícios deve ser analisado em inteligência cumulativa do preceito contido no § 4º, art. 201, da CF/88[47].

É fato que essa conjunção de normas constitucionais foi bem recebida pelos beneficiários do Regime Geral, uma vez que é regra de estabilidade do nível de proteção social durante todo o período em que ostentarem a condição de sujeitos protegidos, especialmente diante da experiência brasileira da substituição de diversas moedas e os alarmantes índices de inflação que constantemente desvalorizavam os benefícios previdenciários.

Tal princípio tem sido objeto de forte argumentação dos segurados e encontra-se em plena pauta nos Tribunais, não obstante a notória polêmica e as medidas eleitoreiras e sensacionalistas que permanecem integrando o desenvolvimento da Previdência Social.

---

(45) Com exceção das hipóteses de redução decorrentes de processos administrativos ou judiciais legalmente estabelecidos com vistas ao ajuste de ato de concessão de benefício com existência de irregularidades comprovadas.
(46) HORVATH JÚNIOR, Miguel. *Direito previdenciário*. 6. ed. São Paulo: Quartier Latin, 2007.
(47) § 4º É assegurado o reajustamento dos benefícios para preservar-lhes, em caráter permanente, o valor real, conforme critérios definidos em lei.

Tema recorrente é fato da não utilização de um mesmo índice para o reajustamento do salário mínimo e para as prestações previdenciárias superiores ao valor do mínimo. Tal situação tem difundindo a sensação de achatamento dos benefícios, já que o índice de reajuste dos salários tem sido fixado em percentual bem maior do que os dos benefícios[48].

Não há, contudo, óbice a utilização de índices distintos e não haveria, em tese, afronta ao princípio sob análise conquanto o índice adotado para a recomposição dos benefícios previdenciários preserve o seu valor real.

Aqui é que a discussão deverá ser mantida, já que em verdade, o salário mínimo acaba sendo, informalmente, indexador do mercado e ao ser reajustado em patamar extremamente dispare dos benefícios, parece-nos poder estar, de fato, causando distorções, o que em conjunto com outras inconsistências se pretende avaliar adiante.

De todo modo, este é sem dúvida outro fundamental objetivo e instrumento da efetividade da Proteção Social. A ausência desta diretriz poderia resultar em outorga parcial e insuficiente da proteção aos sujeitos em estado de necessidade.

V) Equidade na forma de participação no custeio

Cabe agora observar a proposta constitucional lançada por meio deste princípio/objetivo denominado "equidade na forma de participação no custeio", que se preocupa com a forma por meio da qual a sociedade será chamada a alimentar o sistema de seguridade social.

É certo que este princípio norteará a relação jurídica de custeio que se estabelecerá com os sujeitos da Seguridade Social.

Curioso notar que o Plano Beveridge, de 1942, recomendava a existência de taxas de contribuição e prestações monetárias uniformes para todos os segurados, independentemente da renda, mesmo que pudessem ser ajustadas em conformidade com as diferentes características dos grupos (assalariados, autônomos, empresários, agricultores, donas de casa), podendo aqueles que adiassem sua aposentadoria e permanecessem, portanto, contribuindo, ter direito a um benefício maior.

---

(48) SIQUEIRA, Thiago de Barros. *A proteção da idade avançada no regime geral de previdência social*. São Paulo: Modelo, 2011. Para se ter uma ideia, no ano de 2009, o salário mínimo aumentou 12,05% (Medida Provisória n. 456, de 30 de janeiro de 2009), com aumento real de 6,39% acima da inflação, ao passo que os benefícios previdenciários de valor superior ao mínimo tiveram aumento de 5,92% (Portaria do Ministério da Previdência Social n. 48, de 12 de fevereiro de 2009), superando a inflação somente em 0,26%.

A ideia seria de que toda a população tivesse acesso a um mínimo de subsistência e que prestações maiores não seriam custeáveis podendo os segurados com mais recursos recorrer de modo adicional ao *seguro voluntário*.

A OIT também considerava que a "igualdade de tratamento é um princípio guia da seguridade social"[49].

Entretanto, poucos países conseguiram implantar modelos igualitários ao exemplo do Plano Beveridge, ao contrário: passaram a criar relação entre contribuição e montante da prestação, como retrata o trabalho de Mesa-Lago.

O modelo brasileiro apresenta como objetivo a "equidade", fatalmente não sem sentido, o que impõe desvendar a expressão.

Balera destaca a lição de Vicente Ráo na qual equidade seria um atributo direito que se constitui em "particular aplicação do princípio da igualdade às funções do legislador"[50].

De outra ponta, a magistral lição de Tércio Sampaio[51] indica o sentido de equidade como:

> "[...] o sentimento do justo, concreto, em harmonia com as circunstâncias e adequado ao caso. O juízo por equidade, na falta de norma positiva, é o recurso a uma espécie de intuição, no concreto, das exigências da justiça enquanto igualdade proporcional."

A doutrina de Wagner Balera compreende que este princípio pretende conformar as contribuições ao critério supremo da isonomia entre os diferentes contribuintes e aponta:

> "De certo modo, é outra forma de expressão do princípio tributário da capacidade contributiva, **ainda que seja mais exigente do que aquele, uma vez que também deve operar como redutor das desigualdades sociais.**"[52] (g. n.)

Essa conjectura atrai a afirmação de existência de importante alteração dos princípios e que o modelo de participação ora analisado ultrapassa a "horizontalidade da taxa de contribuição" traçada por Beveridge, na qual todos (ricos

---

(49) MESA-LAGO, Carmelo. *As reformas de previdência na América Latina e seus impactos nos princípios de seguridade social*. Tradução da Secretaria de Políticas de Previdência Social. Brasília: Ministério da Previdência Social, 2006.
(50) BALERA, Wagner. *Noções preliminares de direito previdenciário*. São Paulo: Quartier Latin, 2004. p. 89.
(51) FERRAZ JÚNIOR, Tércio Sampaio. *Introdução ao estudo do direito*: técnica, decisão, dominação. 4. ed. São Paulo: Atlas, 2003.
(52) BALERA, Wagner. *Noções preliminares de direito previdenciário*..., cit., p. 89.

e pobres) pagariam as mesmas contribuições em troca da mesma proteção e aqueles com mais recursos pagariam mais, certamente, conquanto já fossem contribuintes do fisco (no imposto sobre a renda).

> "O plano da seguridade social é, antes e acima de tudo, um método de redistribuição de renda, de maneira a antepor as primeiras e mais urgentes necessidades e fazer o melhor uso possível de quaisquer recursos de que se possa abrir mão." (BEVERIDGE, 1942: 210, 214)

Como se vê, o modelo embrionário advertia a possibilidade de atingir a redistribuição de renda, como consequência do bom funcionamento do plano.

Ademais, é intuitiva a inter-relação e dependência entre os princípios da seguridade, sendo que a não funcionalidade de um certamente afetará aos demais.

Orientação da OIT reforça a importância de todos os trabalhadores estarem inseridos ao sistema e de contribuir com o mesmo, alertando ao problema dos grupos com regimes separados que resistem à integração.

Uma publicação recente da OIT (2002b: 69) adverte que o objetivo da redistribuição não deve ser alcançado principalmente por meio da Previdência Social, mas sim de políticas macroeconômicas.

Parece-nos que o princípio da equidade, se considerado de modo isolado como ferramenta de redução das desigualdades sociais, poderia colidir com a consistência sistêmica do conjunto, tendo em vista a possibilidade de ser utilizado de modo tirano que afronta a razão original da própria existência desse sistema, que não é outro senão livrar a sociedade das necessidades infalíveis da vida.

Considerando que a expressão equidade estampada no inciso V, parágrafo único do art. 194 da CF/88, é inserida justamente no tópico que revela os meios de participação compulsória da sociedade, entendemos oportunas as observações lançadas pelos renomados juristas tributaristas, que se aprofundando na complexidade das contribuições sociais, modalidade de tributo utilizada para a seguridade social, em muito auxiliam para sua compreensão.

A lição do renomado chefe da escola de Direito Tributário da Pontifícia Universidade Católica de São Paulo, Geraldo Ataliba, apontava para a existência de um princípio informador específico para as contribuições:

> *"Em outras palavras, se o imposto é informado pelo princípio da capacidade contributiva e a taxa informada pelo princípio da remuneração, as contribuições serão informadas por princípio diverso. Melhor se compreende isto, quando se considera que é da própria noção de contribuição — tal como*

universalmente entendida — que os sujeitos passivos serão pessoas cuja situação jurídica tenha relação, direta ou indireta, com uma despesa especial, a elas respeitantes, ou alguém que receba da ação estatal um reflexo que possa ser qualificado como 'especial'."[53]

Relevante destacar que a noção de custeio adotada pela técnica tradicional do seguro de origem civilista, determina que o segurado exposto a maior grau de risco deverá arcar com montante maior do prêmio, diferentemente daqueles menos expostos ao risco assegurado.

No risco social pode se dar o oposto e é o que revela Wagner Balera[54]:

"(...) quando o fim é a superação das necessidades, a equidade autoriza a imposição de maiores encargos aos que menores necessidades possuem. Vice-versa, quanto maior a necessidade, menor ou nenhum ônus haverá de ser cometido ao indivíduo. A equidade é um critério de justiça."

José Almansa Pastor destaca a convergência para a ideia de risco:

"La doctrina que centra y reduce el campo de studio a la previsión social, y la denomine así, ya la denomine seguridad social, suele a partir de la noción de riesgo, con base y núcleo en torno al cual se centra fundamentalmente toda la ordenación de previsión social. En una cisión institucional, el riesgo específica los diversos regímenes asegurativos. **En una visión sistemática, el riesgo constituye el objeto de la relación jurídica previsión social.** *Pero ambas posiciones coinciden en asignar al riesgo el papel de común denominador de los diferentes seguros sociales y de abstracción objetiva de las concretas relaciones jurídicas de previsión social."*[55] (g. n.)

Muito se discute no sentido de que nas contribuições sociais o princípio informador estaria relacionado à capacidade contributiva, posição fragilizada diante da realidade encontrada na Seguridade Social, de que aqueles que mais recebem proteção não dispõem de capacidade contributiva, ou esta lhes foi subtraída diante das contingências protegidas.

Brilhante é a percepção de Paulo Ayres Barreto acerca da inconsistência da *capacidade contributiva* como princípio informador das contribuições sociais.

---

(53) ATALIBA, Geraldo. *Hipótese de incidência tributária.* 5. ed. 6. tir. São Paulo: Malheiros, 1997. p. 171.
(54) BALERA, Wagner. *Noções preliminares de direito previdenciário...,* cit., p. 42.
(55) PASTOR, José M. Almansa. *Derecho de la seguridad social.* 7. ed. Madrid: Tecnos, 1991. p. 218.

"Mediante a aplicação do princípio da equidade, deve o legislador buscar a identificação do justo critério para repartir o custo da atividade estatal entre os componentes do grupo submetido à incidência tributária. **Objetiva-se o alcance de um equilíbrio entre a geração do custo e os meios para satisfazê-los. Conquanto possa guardar correlação com o princípio da capacidade contributiva, não se trata de dicção com idêntico conteúdo.** A equidade na forma de participação no custeio, estabelecida expressamente para as contribuições destinadas à seguridade social, é diretriz a ser observada nas demais espécies de contribuição. Trata-se de decorrência natural da **eleição de um adequado critério** para a repartição do custeio da atividade."[56] (g. n.)

Da dissertação do competente colega Thiago Taborda Simões[57], extraímos importante síntese:

"A norma prescrita pelo inciso V do art. 194 é o acoplamento estrutural que garante a comunicação entre o sistema jurídico e o sistema econômico, constituindo mecanismo identificador de déficit ou superávit no caixa do SSS, estimulando as operações de criação normativa. O exercício da competência tributária para instituição ou majoração de contribuições para a Seguridade Social deve necessariamente considerar o desequilíbrio como pressuposto.

A equidade na participação do custeio, assim, é princípio informador da tributação mediante contribuições sociais, valendo-se do risco como elemento discriminador de contribuintes para fins de mensuração da carga incidente. A harmonização destas prescrições exsurge a manifestação do princípio da igualdade no custeio da Seguridade Social."

Buscando apontar a direção do princípio informador trazido com o inciso V do parágrafo único do art. 194 da CF/88, parecemos concordar com o "risco social".

A Conferência da OIT em 2001 reafirmou que a Seguridade Social é uma importante ferramenta para incutir a solidariedade, a redistribuição de renda e a redução do nível da pobreza.

Nos sistemas previdenciários com prestações definidas baseadas na repartição, o risco é assumido coletivamente, enquanto nos sistemas de contas individuais (seguro privado — capitalização plena individual), são as próprias pessoas que assumem o risco.

---

(56) BARRETO, Paulo Ayres. *Contribuições*: regime jurídico, destinação e controle. São Paulo: Noeses, 2006. p. 144-145.
(57) SIMÕES, Thiago Taborda. *Contribuições sociais, aspectos tributários e previdenciários*. São Paulo: PUC-SP, 2011.

Nos sistemas de solidariedade o risco está repartido entre todos os filiados ao regime. Solidariedade é, portanto, a expressão que implicitamente rege os princípios/objetivos da Seguridade Social e que pode ser expressamente consagrada.

Além da importância em alcançar o verdadeiro sentido do princípio informador das contribuições sociais contido na "equidade na forma de participação no custeio", válido ainda constatar que a regra pressupõe, para os contribuintes em idêntica situação, um mesmo nível de tributação, revelando-se como expressão da igualdade perante a lei.

E assim deve ser, posto que seria verdadeira afronta à Ordem Social até aqui destacada que tal princípio pudesse permitir que o custeio da Seguridade Social pudesse configurar elemento que acentuasse ou agravasse as desigualdades sociais.

Em reforma ocorrida com a Emenda Constitucional n. 20, de 1998, introduziu o § 9º do art. 195, da Constituição Federal, ao modular o âmbito das contribuições dos empregadores e das empresas, nos seguintes termos:

> "§ 9º As contribuições sociais previstas no inciso I do *caput* deste artigo poderão ter alíquotas ou bases de cálculo diferenciadas, em razão da atividade econômica, da utilização intensiva de mão de obra, do porte da empresa ou da condição estrutural do mercado de trabalho."

Tal inclusão parece apresentar diretriz ao legislador ordinário para a compreensão de como se dará a equidade nas exações que exigirão a participação da sociedade, conferindo um pouco mais de objetividade ao princípio.

VI) Diversidade da base de financiamento

Essa preocupação se mostra totalmente coerente com o sistema que integrou sob seu manto a saúde e a assistência, sob o princípio da universalidade de cobertura e atendimento.

Tal prática de buscar diversificação na base de financiamento do sistema de proteção social remonta à previsão de custeio do sistema de seguro social idealizado por Bismarck, na Alemanha, que previa a participação direta do trabalhador, do empregador e do Estado.

O fundamento deste princípio advém da necessidade de imprimir maior segurança à manutenção do sistema, ante a constatação de não ser possível a dependência de uma única fonte e, por outro lado, permite a dispersão do custeio deixando de onerar uma única fonte.

Desde 1952, com a Convenção n. 102, a OIT (Organização Internacional do Trabalho) recomendava o custeio indireto da Seguridade Social, por meio da tributação de fatos econômicos de maneira a não onerar excessivamente os contribuintes.

Coerentes as considerações de Denise Gentil[58]:

"A diversificação das fontes de arrecadação foi uma conquista de grande importância, porque a previdência financiada unicamente pela folha de salários entrou em crise nos anos 1980, quando a economia brasileira entrou em recessão e o emprego desabou. O crescimento do desemprego, a queda do rendimento médio real dos assalariados e o aumento do número de trabalhadores sem vínculo formal de trabalho mostraram a vulnerabilidade de um sistema de proteção social financiado exclusivamente por contribuições sobre a folha de salários. Em 1988, embora no Brasil a Previdência estivesse num período singular de tranquilidade financeira, para alguns dos que participavam da elaboração da nova Constituição Federal e defensores da previdência pública, aquele era o momento, não de aumentar a arrecadação, mas de reduzir a dependência de receita às oscilações do ciclo, uma vez que a massa salarial é a variável que mais se contrai nos períodos de redução dos níveis de atividade econômica. Em momentos de crise (como foram os anos 1980), apenas a contribuição ao INSS sobre a folha de salários, paga por assalariados e empregadores e por trabalhadores autônomos, não seria suficiente para cobrir os gastos com saúde e com os benefícios previdenciários dos filiados ao sistema. Os encargos envolvem não apenas as aposentadorias (por invalidez, idade e tempo de contribuição), mas também pensões por morte do segurado, auxílio-doença, auxílio-acidente, salário-família, salário-maternidade, auxílio-reclusão, abono de permanência em serviço e outros, que tornariam mais onerosos em fases descendentes do ciclo econômico."

Para Wagner Balera[59], referido princípio teria uma face objetiva, ao determinar a diversificação dos fatos tributados, e uma face subjetiva, ao buscar diversificar as pessoas tributadas.

O princípio se comunica idealmente com a determinação constitucional de que a Seguridade Social será financiada por toda a sociedade (*caput* do art. 195 da CF/88).

---

(58) *Política fiscal e falsa crise da seguridade social brasileira:* análise financeira do período 1990-2005. Tese de Doutorado em Economia, 2006.
(59) BALERA, Wagner. *Noções preliminares de direito previdenciário...*, cit.

Por outro lado, faz sentido estabelecer referida permissão de amplitude, em vista da promessa de expansão da proteção ofertada com a Seguridade Social.

Nesse sentido, o princípio em comento poderá ser responsável por permitir adequar e a organizar o custeio da Seguridade Social.

A experiência verificada na área econômico-financeira revela sua influência se observamos a *teoria do portfólio*[60], a qual orienta a racionalidade de utilização de recursos diversificados ensejando maior segurança e, via reflexa, menor perda em momento de crise.

VII) Caráter democrático e descentralizado da administração mediante gestão quadripartite, com participação dos trabalhadores, dos empregadores, dos aposentados e do governo nos órgãos colegiados

Finalmente, trataremos aqui do princípio que permite novos cumprimentos à constituinte de 1988, ao consagrar a participação da sociedade, convidando-a de modo inaugural, no plano constitucional, a integrar o sistema de proteção social projetado a partir do título da "Ordem Social".

Nada mais coerente que convocar os atores deste sistema a participar da gestão da Seguridade Social. Aliás, esta é uma experiência já intentada no cenário nacional[61] e sufocada no período de autoritarismo, que retoma com força redobrada na Constituição de 1988.

Além dessa visão participativa o princípio/objetivo ora tratado, traduz preocupação lançada no relatório Beveridgiano que propunha a chamada *unificação administrativa* da proteção social com a intenção de promover a eficiência com a redução de custos.

Mais uma vez a orientação do economista inglês foi comprovada pela experiência nacional que revelava um emaranhado de sistemas próprios de proteção (as caixas e institutos) com elevado custo e atendimento de pequena parcela da população.

O plano britânico com o intuito de que o sistema público fosse menos oneroso que o seguro privado, defendia que o seu caráter não lucrativo,

---

(60) SIQUEIRA, Thiago de Barros. *A proteção da idade avançada no regime geral de previdência social*. São Paulo: Modelo, 2011.
(61) Comenta Moacyr Velloso Cardoso de Oliveira sobre a estrutura colegiada do Conselho Nacional do Trabalho criado pelo Decreto n. 16.027/1923, com a função de tratar de matéria Previdenciária. Um pouco da história da previdência social. O conselho nacional do trabalho, suas origens. *Revista de Previdência Social*, n. 90.

aliado ao treinamento de pessoal técnico e especializado em seguridade social, fatalmente implicaria em melhores resultados. Daí a ideia de um "Fundo de Seguro Social" no qual se arrecadaria todas as contribuições, tramitaria e pagaria todas as prestações e onde os três programas (Saúde, Previdência e Assistência) seriam administrados e supervisados pelo *Ministério da Seguridade Social* para que houvesse uma política única e coordenada.

Oportuno lembrar que a unidade idealizada não implicaria em centralização, ao contrário, o sistema seria descentralizado por meio de agências locais próximas aos segurados e que conhecessem suas necessidades.

A proposta de unidade de gestão da Seguridade Social pretendia especialmente economizar recursos ante a eliminação da multiplicidade de programas com diversas administrações e unificando os serviços de: filiação, arrecadação, registro, conta individual e pagamentos.

Ademais, haveria a consolidação de instalações, equipe e pessoal, estabeleceria um regime jurídico único que simplificaria seu conhecimento e aplicação, facilitando o acesso do segurado.

A tendência à unidade de seguridade social, em grande parte do cenário mundial, foi dificultada pelo desenvolvimento paulatino de programas que atendiam diversos grupos de segurados e estes resistiram à integração. Sendo assim, e considerando a diversidade econômica, social e política, e a multiplicidade de modelos, a OIT optou, nos países-membros, na redação da Convenção n. 102, não recomendar um modelo único e uniforme de administração da Seguridade Social.

Em que pese a ausência de recomendação nesse sentido, a convenção estabeleceu o *princípio de responsabilidade do Estado*, e atualmente a OIT informa que, nos países com cobertura quase universal, é comum encontrar instituição única responsável por todas as funções do sistema, além de comum haver um ministério central responsável pela política de seguridade social, seja o de trabalho ou de serviços sociais, ou especificamente um de seguridade social[62].

É com base nesta visão e certo de que a ausência desta organização poderia representar anos de retrocesso, que o constituinte elevou ao âmbito constitucional a preocupação estampada no princípio sob análise.

Por outro lado, o caráter democrático e descentralizado da administração da Seguridade Social refletia outras conquistas do cidadão estabelecidas

---

(62) MESA-LAGO, Carmelo. *As reformas de previdência na América Latina e seus impactos nos princípios de seguridade social*. Tradução da Secretaria de Políticas de Previdência Social. Brasília: Ministério da Previdência Social, 2006. p. 30.

com a Constituição Cidadã (art. 10 da Constituição Federal, que assegura a participação dos trabalhadores e empregadores nos colegiados dos órgãos públicos em que seus interesses profissionais ou previdenciários sejam objeto de discussão e deliberação).

Em que pese a ausência de órgão especifico para o Planejamento da Seguridade Social, a sedimentação deste princípio representa ferramenta alternativa para a implementação de gerenciamento próprio e organizado, já que confere caráter heterogêneo à Seguridade, respeitando-se opiniões, posições e propostas a serem estudadas e adotadas.

A presença de gestão quadripartite retrata a participação de todos os diretamente interessados no bem-estar do sistema (trabalhadores, empregadores, aposentados e Estado), destacando-se o modelo pátrio pela figura do aposentado.

A descentralização na função de proporcionar gestão apta a otimizar e utilizar de forma racional os recursos arrecadados, visto ser inconcebível ao pleno atendimento do ambicioso ideal protetivo universal da Seguridade, um sistema mal gerido e que permita inconsistência, conta com importante aliado, o dispositivo constitucional do § 5º do art. 165, determinando que seus recursos sejam disponibilizados em orçamento próprio e distinto do orçamento fiscal dos Poderes da União:

"Art. 165.

(...)

§ 5º A lei orçamentária anual compreenderá:

I — o orçamento fiscal referente aos Poderes da União, seus fundos, órgãos e entidades da administração direta e indireta, inclusive fundações instituídas e mantidas pelo Poder Público;

II — o orçamento de investimento das empresas em que a União, direta ou indiretamente, detenha a maioria do capital social com direito a voto;

III — o orçamento da seguridade social, abrangendo todas as entidades e órgãos a ela vinculados, da administração direta ou indireta, bem como os fundos e fundações instituídos e mantidos pelo Poder Público."
(g. n.)

A liberdade de gestão conferida à Seguridade Social com a promulgação da Lei n. 11.457/2007, tem sido questionada[63], pelo fato de se ter transferido

---

(63) SIQUEIRA, Thiago de Barros. *A proteção da idade avançada no regime geral de previdência social.* São Paulo: Modelo, 2011. p. 58.

do INSS — Instituto Nacional do Seguro Social, a capacidade para planejar, executar, acompanhar e avaliar as atividades relativas à tributação, fiscalização, arrecadação, cobrança e recolhimento das contribuições sociais, passando-se essas atividades para a Secretaria da Receita Federal do Brasil, órgão da União Federal.

Não obstante, é certo que a Secretaria da Receita Federal é atualmente reconhecida como órgão público bastante especializado na gestão de administração tributária e com adequado aparelhamento (tecnológico/sistemas e em pessoal com preparação), o que pode justificar a pretensão legislativa em comento.

Entretanto, referida medida operacional com vistas à melhor utilização da "máquina estatal" não nos parece ter fulminado com o princípio do *"Caráter Democrático e Descentralizado da Administração mediante gestão quadripartite, com participação dos trabalhadores, dos empregadores, dos aposentados e do Governo nos órgãos colegiados"*, que em verdade, se idealmente utilizado, como pretendemos explorar, poderá compatibilizar com tal modelo.

A fim de finalizar a análise dos princípios que alicerçam o sistema de seguridade, exige-nos ainda tratar do dispositivo contido no § 5º do art. 195 da Carta Magna:

> "§ 5º *Nenhum benefício ou serviço da seguridade social poderá ser criado, majorado ou estendido sem a correspondente fonte de custeio total.*"

Essa crucial previsão denominada *regra da contrapartida* na lição de Wagner Balera[64], e que se apresenta como componente essencial da estrutura a que nos propomos olhar, na medida em que cria efetivo limitador racional ao sistema, impedindo ao legislador inserções sem prévio estudo e planejamento, que se traduzem em custeio.

Impõe ressalvar que referido instrumento de equilíbrio financeiro já havia sido inaugurado ao ordenamento pátrio com a LOPS (Lei n. 3.807/1960) no art. 158:

> "Art. 158. Nenhum outro benefício de caráter assistencial ou previdenciário, se não previsto nesta lei, poderá ser criado pelos poderes competentes sem que, em contra partida, seja estabelecida a respectiva receita de cobertura."

Tal medida cautelosa e essencial ao sistema passou a constar, desde então, em todas as Constituições, com redação similar à atual.

---

(64) BALERA, Wagner. *Sistema de seguridade social.* 4. ed. São Paulo: LTr, 2006. p. 40.

Elevar tal previsão ao campo constitucional era medida impreterível ante a declarada crise dos sistemas de proteção conhecida mundialmente antes da implantação do programa complexo e audacioso realizado pelo constituinte de 1988.

Daí porque justificada a eleição desta regra também como princípio/ objetivo estrutural do sistema.

Ademais, rechaçar as críticas lançadas ao constituinte de 1988 sobre a instituição de uma proteção utópica, como bem aborda o texto de Denise Gentil[65], se mostra, em nossa visão, necessário. Com estas linhas, já tendo apontadas as vigas mestras do sistema de proteção pretendido pela Constituição de 1988, elencando os valores, estabelecidos na esfera axiológica, os princípios e regras, estes no âmbito deontológico (apreendendo a realidade como algo devido — dever ser), caberá adiante avaliar os componentes formais do Sistema de Seguridade.

Passaremos de modo geral pela visão organizacional à qual se vinculam pessoas de direito público e de direito privado, com atribuições específicas e indispensáveis.

Imperioso verificar que o Sistema "não reveste personalidade própria. Mero suporte é a figura jurídica criada para harmonizar os componentes da estrutura vasta e complexa da Proteção Social"[66].

Como veremos na 3ª parte do trabalho, o constituinte originário não tratou, em 1988, do desenho infraconstitucional desta estrutura, restando tão somente sacramentada a atuação integrada entre as áreas que compõem a Seguridade Social.

Assim, o que se vê atualmente em termos de estrutura operacional para a missão constitucional da *Seguridade Social* é a utilização daquilo que se encontra estruturado pela divisão funcional do próprio Estado brasileiro.

Essencial destacar que um importante componente do sistema, no qual poderia se concentrar o núcleo de estabelecimento das diretrizes gerais e das políticas de integração entre as áreas de atuação da *Seguridade Social*, poderia ter sido revelado com o Conselho Nacional de Seguridade Social, criado pela Lei n. 8.212/91 e posteriormente revogado, sem que pudesse ter sido explorada a destacada importância estratégica de sua existência.

---

(65) BALERA, Wagner. *Sistema de seguridade social*. 4. ed. São Paulo: LTr, 2006. p. 66.
(66) *Ibidem*, p. 40.

A obra atualizada sobre o sistema de seguridade, Balera[67] aponta para o fato que após se ter extirpado referido conselho, inúmeras reorganizações do Estado federal brasileiro já ocorreram, como a institucionalização de uma Câmara de Política Social e do Conselho Nacional de Desenvolvimento Econômico e Social, onde teria sido criado grupo de acompanhamento de políticas sociais e um observatório.

Ademais, em 2004, houve o rearranjo no plano dos ministérios com o surgimento do Ministério do Desenvolvimento Social e Combate à Fome[68], que em seguida cuidou de institucionalizar o *Conselho de Articulação de Programas Sociais*, que segundo Balera, poder ser o local onde *"confluiriam as diferentes esferas, disso resultando políticas sociais integradas"*[69].

Referido Conselho de Articulação após alterações promovidas na Lei n. 10.683/2003 em seu art. 29, § 4º:

"Ao Conselho de Articulação de Programas Sociais, presidido pelo Ministro de Estado do Desenvolvimento Social e Combate à Fome e composto na forma estabelecida em regulamento pelo Poder Executivo, *compete propor mecanismos de articulação e integração de programas sociais e acompanhar a sua implementação.*" (g. n.)

---

(67) BALERA, Wagner. *Sistema de seguridade social*. 5. ed. São Paulo: LTr, 2009.
(68) Criado em janeiro de 2004, pelo presidente Luiz Inácio Lula da Silva, com a missão de promover a inclusão social, a segurança alimentar, a assistência integral e uma renda mínima de cidadania às famílias que vivem em situação de pobreza. Para isso, o órgão implementa inúmeros programas e políticas públicas de desenvolvimento social, realiza a gestão do Fundo Nacional de Assistência Social (FNAS) e aprova os orçamentos gerais do Serviço Social da Indústria (Sesi), do Serviço Social do Comércio (Sesc) e do Serviço Social do Transporte (Sest). Por meio de programas de transferência direta de renda, como o Bolsa-Família, o MDS proporciona cidadania e inclusão social aos beneficiários, que são comprometidos com atividades de saúde e educação. O Ministério também realiza ações estruturantes, emergenciais e sustentáveis de combate à fome, por meio de ações de produção e distribuição de alimentos, de incentivo à agricultura familiar, de desenvolvimento regional e de educação alimentar, respeitando as diversidades culturais brasileiras. O órgão dedica-se, ainda, a consolidar o direito à assistência social em todo o território nacional e dar agilidade ao repasse de verbas do Governo Federal para os estados e municípios. O MDS é originário de três estruturas governamentais extintas: Ministério Extraordinário de Segurança Alimentar e Nutricional (Mesa), Ministério da Assistência Social (MAS) e Secretaria Executiva do Conselho Gestor Interministerial do Programa Bolsa-Família. Com a criação do MDS, em 2004, o Governo Federal centralizou as iniciativas e passou a executar sua estratégia de desenvolvimento social de forma mais robusta e articulada e com maiores investimentos nas políticas públicas, que atendem dezenas de milhões de pessoas. Hoje, as ações do MDS são realizadas nas três esferas de Governo e em parceria com sociedade civil, organismos internacionais e instituições de financiamento. Essa articulação estabelece uma sólida rede de proteção e promoção social que quebra o ciclo de pobreza e promove a conquista da cidadania nas comunidades brasileiras. (Disponível em: <http://www.mds.gov.br/acesso-a-informacao>).
(69) BALERA, Wagner. *Sistema de seguridade social*. 5. ed. São Paulo: LTr, 2009. p. 47.

Posteriormente, o Decreto n. 7.463/2011 que aprovou a estrutura e quadro de cargos em comissão do Ministério do Desenvolvimento Social e Combate à Fome, em seu art. 34 dispõe:

"Art. 34. Ao Conselho de Articulação dos Programas Sociais, criado pela Lei n. 10.683, de 28 de maio de 2003, cabe exercer as competências estabelecidas em regulamento específico."

Nesse sentido, ainda não ocorreu o reajuste organizacional, de modo a ressurgir algo semelhante ao Conselho Nacional de Seguridade Social, que proporcionaria a aplicação do art. 194, VII, da CF/88, de modo integrado entre as áreas.

Desse modo, atualmente, cada área de proteção possui estrutura atrelada aos Ministérios da Saúde, da Previdência Social e do Desenvolvimento Social, sendo certo que os Conselhos Nacionais[70] em cada esfera, tratam das deliberações e fiscalizações, cumprimento de modo isolado, o objetivo traçado no inciso VII, parágrafo único do art. 194 da CF/88.

A previsão constitucional de previdência privada, facultativa, de caráter complementar, recebeu por meio da Lei n. 12.154/2009, com a criação da

---

(70) O Conselho Nacional de Saúde (CNS), instância máxima de deliberação do Sistema Único de Saúde — SUS — de caráter permanente e deliberativo, tem como missão a deliberação, fiscalização, acompanhamento e monitoramento das políticas públicas de saúde. O CNS é um órgão vinculado ao Ministério da Saúde composto por representantes de entidades e movimentos representativos de usuários, entidades representativas de trabalhadores da área da saúde, governo e prestadores de serviços de saúde, sendo o seu Presidente eleito entre os membros do Conselho. É competência do Conselho, dentre outras, aprovar o orçamento da saúde assim como, acompanhar a sua execução orçamentária. Também cabe ao pleno do CNS a responsabilidade de aprovar a cada quatro anos o Plano Nacional de Saúde. (Disponível em: <http://conselho.saude.gov.br/>).
O Conselho Nacional de Previdência Social — CNPS, órgão superior de deliberação colegiada, tem como principal objetivo estabelecer o caráter democrático e descentralizado da administração, em cumprimento ao disposto no art. 194 da Constituição, com a redação dada pela Emenda Constitucional n. 20, que preconiza uma gestão quadripartite, com a participação do Governo, dos trabalhadores em atividade, dos empregadores e dos aposentados. Criado pela Lei n. 8.213, de 24 de julho de 1991, o Conselho de Previdência, ao longo do tempo vem aperfeiçoando sua atuação no acompanhamento e na avaliação dos planos e programas que são realizados pela administração, na busca de melhor desempenho dos serviços prestados à clientela previdenciária (Disponível em: <http://www.mps.gov.br/conteudoDinamico.php?id=43>).
O Conselho Nacional de Assistência Social — CNAS, foi instituído pela Lei Orgânica da Assistência Social — LOAS (Lei n. 8.742, de 7 de dezembro de 1993), como órgão superior de deliberação colegiada, vinculado à estrutura do órgão da Administração Pública Federal responsável pela coordenação da Política Nacional de Assistência Social (atualmente, o Ministério do Desenvolvimento Social e Combate à Fome), cujos membros, nomeados pelo Presidente da República, têm mandato de 2 (dois) anos, permitida uma única recondução por igual período. (Disponível em: <http://www.mds.gov.br/cnas>).

Superintendência Nacional de Previdência Complementar — PREVIC, importante entidade com o intuito de fiscalizar e supervisionar as atividades das entidades fechadas de previdência complementar e de execução das políticas para o regime de previdência complementar operado pelas mesmas entidades acima referidas, observadas as disposições constitucionais e legais aplicáveis.

Assim, há uma estrutura bem definida no plano constitucional para os componentes do sistema de seguridade social, mas do ponto de vista operacional carece de vínculo relacional e sincronizador de medidas.

Tal cenário reflete o que ponderamos como a ausência de encaixe para o Sistema, e pode ser vetor a intensificar a fragilidade ou inconsistência do plano de proteção.

PARTE II

1. Financiamento e Estrutura de Realização da Proteção

1.1. Financiamento da Seguridade Social por toda a sociedade

Todo o plano de proteção abordado no presente trabalho, como já alinhado citado, dependerá de financiamento ou custeio, a ser realizado por toda sociedade, diante dos princípios e o retrato da solidariedade que permeia a proteção das necessidades da humanidade.

O custeio deste modelo que busca viabilizar o ideal protetivo da *Seguridade Social* é comumente tratado com a expressão do *financiamento direto e indireto*.

1.2. Financiamento direto e indireto

O financiamento para a Seguridade Social descrito no art. 195 da CF, caput, enuncia que *"a seguridade social será financiada por toda a sociedade, de forma direta e indireta, nos temos da lei, mediante recursos provenientes dos orçamentos da União, dos Estados, do Distrito Federal e dos Municípios, e das seguintes contribuições sociais"*.

Nesse sentido, o financiamento direto ocorre por meio das contribuições sociais, visto esta como espécie tributária da qual tratada no art. 149 da CF/88.

Assim, as contribuições contidas nos incisos do próprio art. 195 da CF/88, destinam-se exclusivamente à Seguridade Social.

Com esse modelo as pessoas com capacidade contributiva deverão contribuir para a Seguridade Social diretamente diante da contribuição social.

Por outro lado, o financiamento indireto é aquele no qual toda a sociedade participará, inclusive aqueles que não dispõem de capacidade contributiva e não contribuíram diretamente, certamente estarão participando indiretamente do custeio, por meio dos orçamentos fiscais.

Adiante discorreremos sobre os orçamentos do Estado, entretanto, já importa anotar que, a carta constitucional consignou exigência de um orçamento próprio da Seguridade Social.

2. Contribuições Sociais

Para a espécie de tributo sob análise e que se ocupou a Constituição de 1988 em orientar o financiamento da Seguridade Social, vale captar os instrumentos para tal finalidade elencados pela constituinte.

Antemão, válido ressaltar que mesmo após anos da promulgação da Carta Magna muitas dúvidas ainda permaneciam acerca do regime jurídico a que estão submetidas as contribuições nela previstas, especialmente as contempladas nos arts. 145 e 149.

Isso porque a legislação reúne, sob a mesma denominação de contribuição, figuras de perfis distintos, o que ocasiona incompreensão.

Talvez o único elemento comum no tratamento legislativo das contribuições seja a intenção de dispensar a estas, tratamento jurídico **não idêntico ao dos impostos e taxas**, razão pela qual se emprega à figura diversas roupagens, denominações e terminologias.

As contribuições sociais não são apenas aquelas descritas no art. 195 da CF/88, poderão ser instituídas nos moldes do art. 149 da Constituição para atender aos demais objetivos sociais do Estado.

2.1. Natureza jurídica

As contribuições sociais são tributos, conforme concluiu o XV Simpósio Nacional de Direito Tributário[71] e reconheceu o Supremo Tribunal Federal[72].

---

(71) BALERA, Wagner. Contribuições sociais. *Caderno de Pesquisa Tributária*, n. 17, São Paulo: Resenha Tributária, 1992.
(72) RE n. 146.733, DJU 6.11.1992, Rel. Min. Moreira Alves. "De feito, a par das três modalidades de tributos (os impostos, as taxas e as contribuições de melhoria) a que se refere o art. 145 para declarar que são competentes para instituí-los a União, os Estados, o Distrito Federal e os Municípios, os arts. 148 e 149 aludem a dias outras modalidades tributárias, para cuja instituição só a União é competente: o empréstimo compulsório e as contribuições sociais, inclusive as de intervenção no domínio econômico e de interesse, as categorias profissionais ou econômicas. No tocante às contribuições sociais dessas duas modalidades tributárias é a que interessa para este

Noutra senda, a prescrição do Código Tributário Nacional, datado de 1973, é no seguinte sentido:

> "Art. 3º Tributo é toda prestação pecuniária compulsória, em moeda ou cujo valor nela se possa exprimir, que não constitua sanção de ato ilícito, instituída em lei e cobrada mediante atividade administrativa plenamente vinculada."

A lição de Roque Antonio Carrazza sobre a natureza tributária das contribuições, demonstra:

> "[...] Portanto, estas 'contribuições' são verdadeiros tributos (embora especificados pela finalidade que devem alcançar). Conforme as hipóteses de incidência e bases de cálculo que tiverem, podem revestir a natureza jurídica de imposto ou de taxa."[73]

Na obra de Leandro Paulsen e Andrei Pitten Velloso:

> "O caráter tributário das contribuições especiais é nítido, haja vista que elas se amoldam à perfeição ao conceito de tributo, cujos traços essenciais foram bem captados pelo Código Tributário Nacional. [...]
>
> A natureza tributária de determinada exação decorre de uma única constatação: a sua subsunção ao conceito de tributo. Se se enquadrar em tal conceito, tributo será. Caso contrário, não. Não há terceira opção."[74]

Não resta dúvida da conexão entre os traços do tipo *contribuição social* aos critérios que amoldam o conceito de tributo refletidos no CTN.

Estamos certamente diante de tributos.

A par desta constatação, ainda há que se analisar as contribuições no âmbito da *parafiscalidade*.

Tal figura consiste na delegação da capacidade tributária ativa pela pessoa política competente para criação do tributo a outra pessoa jurídica, de direito público ou privado que persiga finalidade social.

---

julgamento —, não só as referidas no art. 149 — que se subordina ao capítulo concernente ao sistema tributário nacional — têm natureza tributária, como resulta, igualmente, da observância que devem ao disposto nos arts. 146, II, e 150, I e II, mas também as relativas à seguridade social prevista no art. 195, que pertence ao título 'Da Ordem Social'".
(73) CARRAZZA, Roque Antonio. *Curso de direito constitucional tributário*. 26. ed. São Paulo: Malheiros, 2010. p. 598.
(74) VELLOSO, Andrei Pitten; PAULSEN, Leandro. *Contribuições:* teoria geral — contribuições em espécie. Porto Alegre: Livraria do Advogado, 2010.

Resume-a Geraldo Ataliba:

> "Consiste isso em a lei atribuir a titularidade de tributos a pessoas diversas do estado, que os arrecadam em benefício das próprias finalidades [...]."[75]

Trata-se de instrumento que gera receita para as entidades que atuam como *longa manus* do Estado, a fim de que estas possam exercer suas funções.

Entretanto, as palavras do mestre tributário sugerem cautela:

> "Os 'práticos' e apressados aplicadores do direito tributário, toda vez que ficam perplexos diante de uma figura tributária de difícil definição, costumam afirmar que se trata de contribuição parafiscal, ainda quando o sujeito ativo do tributo não seja pessoa diversa do estado.
>
> [...]
>
> Em suma, importa ficar claro, inequívoco e inquestionável que a circunstância de um tributo ser batizado de 'contribuição parafiscal' não implica necessariamente natureza específica de contribuição (art. 4º do CTN), nem permite que se posterguem as exigências constitucionais que disciplinam e limitam a tributação."[76]

Outra parte da doutrina, observando-as sob o prisma do fato gerador, tentou equiparar as contribuições à categoria de impostos com destinação específica ou tributos de escopo.

Para Sacha Calmon Navarro Coelho, as contribuições são ontológica e sistematicamente tributos, apenas afetados a finalidades específicas[77].

Tentou ainda analisar as contribuições a partir do critério da materialidade do respectivo fato gerador, concluindo que seriam impostos ou taxas, não configurando um *tertium genus*.

Coube também inseri-las na classificação dos tributos como uma nova categoria de tributos vinculados em que a referibilidade da ação estatal seria indireta ao obrigado.

---

(75) ATALIBA, Geraldo. *Hipótese de incidência tributária*. 5. ed. 6. tir. São Paulo: Malheiros, 1997. p. 76.
(76) *Op. cit.*, p. 187-190.
(77) COELHO, Sacha Calmon Navarro. *Comentários à Constituição Federal de 1988* – sistema tributário. 2. ed. Rio de Janeiro: Forense, 2990.

Não obstante o constante esforço envidado, seja pela doutrina ou a própria jurisprudência, ousamos concordar aqueles que afirmam ainda estarem presentes dúvidas e perplexidades para as questões que envolvem as contribuições sociais.

O estudo produzido por Marco Aurelio Greco[78] não pretendeu resolver essas questões, mas apresentar uma concepção teórica da figura a partir do texto constitucional de 1988, procurando conceitos e critérios que auxiliem a equacionar, de um lado a inserção sistemática da figura e de outro lado o regime jurídico ao qual está submetida.

Para tanto, o autor assumiu algumas premissas: i) o referencial básico seria o ordenamento positivo, como ponto de partida a CF/88; ii) os princípios jurídicos tem feições diversas das normas jurídicas, apresentam um papel estrutural no ordenamento ao invés de uma disciplina concreta da conduta, de tal modo a busca dos princípios será um dos pontos fundamentais da análise, bem como a identificação de sua relevância no contexto; iii) interpretação sistemática e teleológica da CF, por meio do reconhecimento da importância da identificação das razões últimas de certa disciplina jurídica; iv) o objeto do conhecimento não é apenas o elemento formal do direito (norma jurídica) mas este e a experiência jurídica como um todo, o que engloba a consideração dos fatos e dos valores humanos e sociais consagrados ou que influenciam o ordenamento.

Além disso, baseou-se nas observações de Susan Kaack, sobre o pensamento científico no sentido de que toda análise possui uma relatividade imanente ao processo de pensar o tema, tendo consciência que nenhuma afirmação é absolutamente correta, nenhuma absolutamente incorreta e nenhuma está imune a revisão, em função da experiência e da evolução dos fatos e as razões que levam à opção por uma determinada afirmação; não resultam ainda de nenhuma "essência" do objeto, mas possuem caráter eminentemente pragmático, tendo em conta, fundamentalmente, razões de simplicidade e economia de que elas se revistam.

Assim, coerente parece-nos negar o caráter absoluto das "conquistas clássicas da ciência" e observa-se o princípio da incerteza.

2.2. Subespécie das contribuições

Importa ainda levar em conta que a Constituição Federal vigente, como bem consagra o art. 149 do diploma constitucional vigente, trata de outras três espécies de contribuições:

---

(78) GRECO, Marco Aurélio. *Contribuições:* uma figura *sui generis*. São Paulo: Dialética, 2000.

> "Art. 149. Compete exclusivamente à União instituir contribuições sociais, de intervenção no domínio econômico e de interesse das categorias profissionais ou econômicas, como instrumento de sua atuação nas respectivas áreas, observado o disposto nos arts. 146, III, e 150, I e III, e sem prejuízo do previsto no art. 195, § 6º, relativamente às contribuições a que alude o dispositivo."

Desse modo, diante da vigente Constituição, pode-se conceituar a Contribuição Social como espécie de tributo com finalidade constitucionalmente definida, a saber, intervenção no domínio econômico, interesse de categorias profissionais ou econômicas e seguridade social.

A Constituição Federal, em seu art. 149, estabelece ainda, que na instituição das contribuições sociais devem ser observadas as normas gerais do Direito Tributário e os princípios da legalidade e da anterioridade, ressalvando, quanto a este último, a regra especial pertinente às contribuições de seguridade social.

2.2.1. Interventivas

As contribuições de interesse de categorias profissionais ou econômicas, bem como, as contribuições de interesse social, ostentam nítida função parafiscal.

Destinam-se a suprir de recursos financeiros, as entidades do Poder Público com atribuições específicas, desvinculadas do Tesouro Nacional, no sentido de que dispõe de orçamento próprio.

Estas devem constituir receitas nos orçamentos das entidades representativas dessas categorias, enquanto as contribuições de seguridade social, constituem receita no orçamento da seguridade, de que trata o art. 165, § 3º, CF, sendo assim, caracterizadas por serem parafiscais.

Quanto às espécies de contribuições sociais, conforme já se vislumbrou acima, são divididas em três grandes grupos: as contribuições de intervenção no domínio econômico, as de interesse de categorias profissionais ou econômicas, e as de seguridade social.

As contribuições de intervenção no domínio econômico caracterizam-se por serem instrumento de intervenção na economia. Há de se entender que tal intervenção é aquela que se produz com objetivo específico perseguido pelo órgão estatal competente para este fim, nos termos da lei. Sua finalidade vem a caracterizar tal espécie como tributo de função nitidamente extrafiscal.

Como em toda contribuição, é o produto da arrecadação que deve atender a finalidade determinada pela Constituição Federal.

2.2.2. Corporativas

As contribuições de interesse de categorias profissionais ou econômicas, por sua vez, caracterizam-se como aquelas destinadas a propiciar a organização destas categorias, fornecendo recursos financeiros para manutenção de entidades associativas. Trata-se da vinculação da própria entidade representativa da categoria profissional, ou econômica, com o contribuinte.

Chega-se a tal conclusão, da interpretação do art. 149, combinado com o art. 8º, inciso IV, da CF. Este último estabelece que a assembleia geral fixará a contribuição que, em se tratando de categoria profissional, será descontada em folha, para custeio do sistema confederativo da representação sindical respectiva, independentemente da contribuição prevista em lei. A contribuição prevista em lei, no caso, é a contribuição social a que se refere o art. 149 da CF. Deste modo, resta claro que, a ressalva indica a entidade representativa da categoria profissional, ou econômica, como credora das duas contribuições.

2.2.3. Sociais gerais e de Seguridade Social

Diferentemente da maioria dos tributos, a função das Contribuições Sociais, em face da vigente Constituição, não é a de suprir o Tesouro Nacional de recursos financeiros.

Tais contribuições, dependendo do interesse da categoria a que pertençam, possuem funções diversas, ditas assim, em alguns casos, funções parafiscais e em outras, extrafiscais.

As contribuições de seguridade social constituem a espécie de contribuição social cujo regime jurídico tem suas bases mais bem definidas na Constituição vigente, consoante se verifica do art. 195, incisos, I, II e III e seu § 6º, e mais, os arts. 165, § 5º, e 194, inciso VII.

Consagra o art. 165, § 5º, inciso III, que "o orçamento da seguridade social, abrangendo todas as entidades e órgão a elas vinculados, da Administração direta ou indireta, bem como os fundos e fundações instituídos e mantidos pelo Poder Público".

Tal orçamento já não se confunde com o orçamento do Tesouro Nacional, e sua execução não constitui atribuição do Poder Executivo, posto que a

Seguridade Social há de ser organizada com base em princípios constitucionalmente estabelecidos, entre os quais destaca-se o "caráter democrático e descentralizado da gestão administrativa, com a participação da comunidade, em especial de trabalhadores, empresários e aposentados" (art. 194, parágrafo único, inciso VII).

Por outro lado, o citado art. 195, estabelece que a Seguridade Social será financiada por toda a sociedade, de forma direta e indireta, nos termos da lei, mediante recursos provenientes dos orçamentos da União, dos Estados, do Distrito Federal e dos Municípios e das seguintes contribuições sociais: dos empregados, incidente sobre a folha de salários, o faturamento e o lucro; dos trabalhadores; sobre a receita de concursos de prognósticos.

Tais contribuições caracterizam-se, portanto, pelo fato de ingressarem diretamente naquele orçamento a que se refere o art. 165, parágrafo 5º, inciso III, da Constituição Federal.

Entretanto, como antes denunciado, há outras contribuições sociais que visam garantir outras áreas de proteção social, diferentes da seguridade social.

É o que se extrai da consagrada obra *Limitações Constitucionais ao Poder de Tributar* de Baleeiro, atualizada por Misabel Derzi[79]:

"(...)

O conceito de contribuições sociais é assim mais amplo do que aquele de contribuições sociais destinadas a custear a Seguridade Social. O art. 149 regula o regime tributário das contribuições sociais em sentido amplo, regime que é comum aos demais tributos. Elas custeiam a atuação do Estado em todos os campos sociais, como o salário-educação (art. 212, § 5º), o Fundo de Garantia do Tempo de Serviço (FGTS, no custeio da casa própria) et al. A grande diferença está em que as contribuições sociais em sentido lato não são objeto de qualquer exceção, sujeitando-se de forma integral ao regime constitucional tributário, mormente ao princípio da anterioridade da lei tributária ao exercício financeiro de sua eficácia, enquanto as contribuições sociais destinadas ao custeio da Seguridade Social submetem-se a regime constitucional próprio."

Os exemplos citados pelo o autor, como salário-educação e o FGTS, especialmente este ultimo, referente a exação instituída pela LC n. 110/2001, mereceu valiosa análise pelo Supremo Tribunal Federal[80]:

---

(79) BALEEIRO, Aliomar. *Limitações constitucionais ao poder de tributar*. 7. ed. Atualizadora Misabel Abreu Machado Derzi. Rio de Janeiro: Forense, 1997. p. 594-595.
(80) ADI n. 2.556 — STF.

"EMENTA: TRIBUTÁRIO. CONTRIBUIÇÕES DESTINADAS A CUSTEAR DISPÊNDIOS DA UNIÃO ACARRETADOS POR DECISÃO JUDICIAL (RE 226.855). CORREÇÃO MONETÁRIA E ATUALIZAÇÃO DOS DEPÓSITOS DO FUNDO DE GARANTIA POR TEMPO DE SERVIÇO (FGTS). ALEGADAS VIOLAÇÕES DOS ARTS. 5º, LIV (FALTA DE CORRELAÇÃO ENTRE NECESSIDADE PÚBLICA E A FONTE DE CUSTEIO); 150, III, B (ANTERIORIDADE); 145, § 1º (CAPACIDADE CONTRIBUTIVA); 157, II (QUEBRA DO PACTO FEDERATIVO PELA FALTA DE PARTILHA DO PRODUTO ARRECADADO); 167, IV (VEDADA DESTINAÇÃO ESPECÍFICA DE PRODUTO ARRECADADO COM IMPOSTO); TODOS DA CONSTITUIÇÃO, BEM COMO OFENSA AO ART. 10, I, DO ATO DAS DISPOSIÇÕES CONSTITUCIONAIS TRANSITÓRIAS — ADCT (AUMENTO DO VALOR PREVISTO EM TAL DISPOSITIVO POR LEI COMPLEMENTAR NÃO DESTINADA A REGULAMENTAR O ART. 7º, I, DA CONSTITUIÇÃO). LC N. 110/2001, ARTS. 1º E 2º.

A segunda contribuição criada pela LC n. 110/2001, calculada à alíquota de cinco décimos por cento sobre a remuneração devida, no mês anterior, a cada trabalhador, extinguiu-se por ter alcançado seu prazo de vigência (sessenta meses contados a partir da exigibilidade — art. 2º, § 2º da LC n. 110/2001). Portanto, houve a perda superveniente dessa parte do objeto de ambas as ações diretas de inconstitucionalidade. Esta Suprema Corte considera constitucional a contribuição prevista no art. 1º da LC n. 110/2001, desde que respeitado o prazo de anterioridade para início das respectivas exigibilidades (art. 150, III, b, da Constituição).

O argumento relativo à perda superveniente de objeto dos tributos em razão do cumprimento de sua finalidade deverá ser examinado a tempo e modo próprios.

Ações Diretas de Inconstitucionalidade julgadas prejudicadas em relação ao art. 2º da LC n. 110/2001 e, quanto aos artigos remanescentes, parcialmente procedentes, para declarar a inconstitucionalidade do art. 14, caput, no que se refere à expressão 'produzindo efeitos', bem como de seus incisos I e II)."

Todavia, são as contribuições sociais *de seguridade social* nosso foco neste trabalho, daí destacarmos que a própria Constituição cuidou de definir quem pode ser utilizado pelo legislador como sujeito passivo nas mesmas.

Assim, nos termos do art. 195, inciso I, II e III, podem ser contribuintes: os empregados, os trabalhadores, os empregadores e os administradores de concursos de prognósticos, os importadores.

As contribuições sociais para as empresas constantes do inciso do art. 195 da CF/88 se ilustram conforme abaixo:

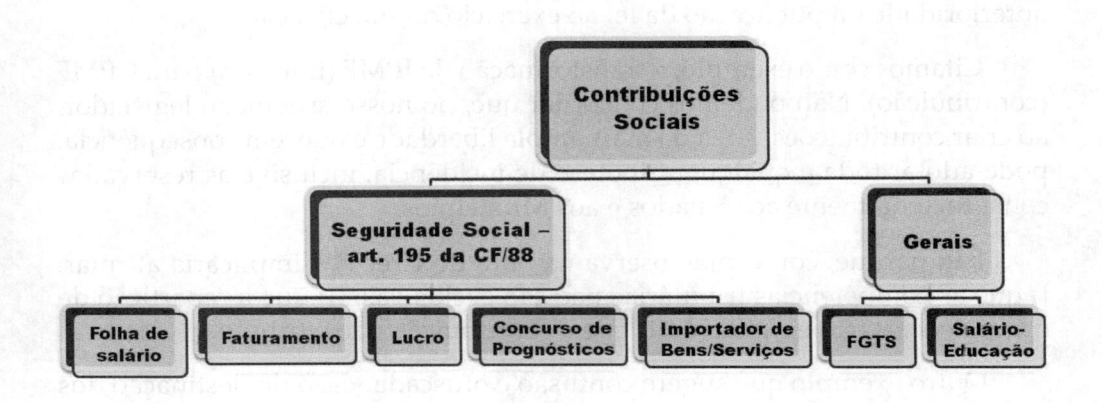

```
                        Contribuições
                          Sociais
                    ┌────────┴────────┐
            Seguridade Social –        Gerais
              art. 195 da CF/88
   ┌──────┬──────┬──────┬──────┐    ┌──────┬──────┐
 Folha de Fatura- Lucro Concurso Importador FGTS Salário-
 salário  mento        de Prog- de Bens/         Educação
                      nósticos  Serviços
```

Ademais, a legislação infraconstitucional, com base do traço tributário constitucional, trata dos desdobramentos destas contribuições (alíquotas, formas de recolhimentos, obrigações acessórias etc.), que foram adaptadas e molduradas de modo a compatibilizar o que já existia e a nova ordem constitucional, veja-se resumo:

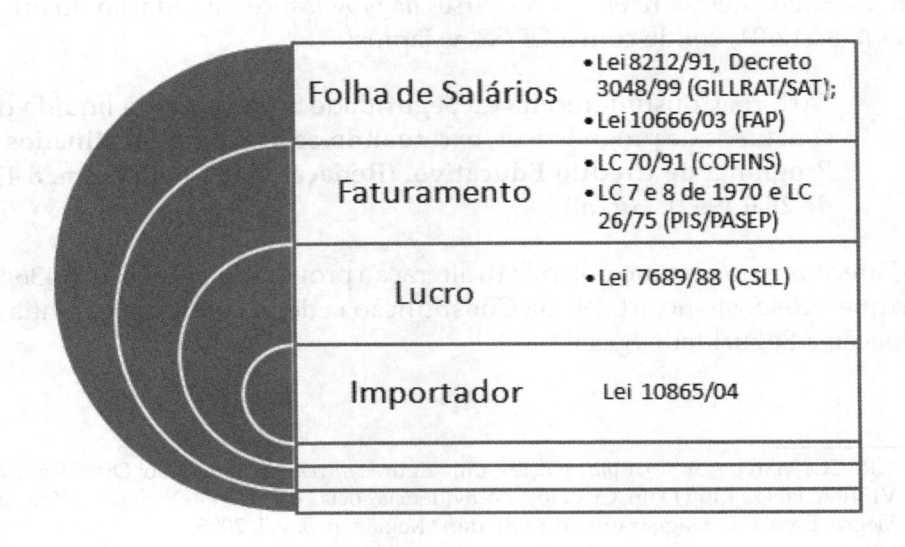

Folha de Salários	• Lei 8212/91, Decreto 3048/99 (GILLRAT/SAT); • Lei 10666/03 (FAP)
Faturamento	• LC 70/91 (COFINS) • LC 7 e 8 de 1970 e LC 26/75 (PIS/PASEP)
Lucro	• Lei 7689/88 (CSLL)
Importador	Lei 10865/04

Infelizmente, como se abordará acerca das distorções no sistema, o Estado tem praticado irregularidades, talvez em nome da necessidade de alocação de recursos para todos os demais direitos sociais, como é o caso de "criar" impostos sob a denominação de "contribuição" a fim de burlar as limitações constitucionais ao poder de tributar, principalmente em relação às contribuições para o custeio da Seguridade Social, por serem exceção ao princípio da anterioridade da publicação da lei ao exercício de sua eficácia.

Citamos como exemplo, a transformação de IPMF (imposto) para CPMF (contribuição). Não podemos concordar que, no nosso sistema, o legislador, ao criar contribuições, goza da mais ampla liberdade e que, em consequência, pode adotar toda e qualquer hipótese de incidência, inclusive as reservadas constitucionalmente aos Estados e aos Municípios.

Isto porque, conforme observa na obra de Greco[81], implicaria afirmar: I) que as competências tributárias não são exclusivas; II) que a repartição de competências não é rígida; e III) que a contribuição não é tributo.

Outro exemplo que sugere confusão e ofuscada visão da destinação dos recursos colhemos na análise dos "concursos de prognósticos".

Conforme se observa da lição de Helga, referido instrumento "*destinava-se a compor, juntamente com a loteria federal, a loteria esportiva, as apostas de prados de corrida, a parcela de custeio do sistema previdenciário da União. Trata-se das denominadas quotas de previdência da União. Não têm estas quotas natureza tributária, mas se destinam a compor o orçamento da Seguridade Social, permanecendo a serviço da Previdência Social*"[82].

A CF/88 aponta no art. 195, inciso III, que haverá financiamento da Seguridade Social *sobre a receita os concursos de prognósticos*, a redação do art. 26 da Lei n. 8.212/91, colide com a CF/88, vejamos:

> "Art. 26. Constitui receita da Seguridade Social a renda líquida dos concursos de prognósticos, **excetuando-se os valores destinados ao Programa de Crédito Educativo. (Redação dada pela Lei n. 8.436, de 25.6.1992).**" (g. n.)

Parece-nos no mínimo polêmica a alteração provocada pela Lei n. 8.436/92, posto que o disposto no art. 195 da Constituição Federal configura garantia de destinação à Seguridade Social.

---

(81) GRECO, Marco Aurélio. *Contribuições:* uma figura *sui generis*. São Paulo: Dialética, 2000.
(82) VIEIRA, Helga Klug Doin. Custeio da previdência social. *Caderno de Direito Previdenciário*, Porto Alegre: Escola da Magistratura do TRF da 4ª Região, n. 3, v. I, 2005.

Valioso citar a crítica efetuada por Balera[83] ao comentar a legislação previdenciária de custeio, especificamente o trecho final deste art. 26:

> "Cumpre notar, porém, que o destino de parte dos valores ao Programa de Crédito Educativo (Lei n. 8.436/92), assim como de parcela da receita ao Fundo Penitenciário Nacional (Lei Complementar n. 79/94) não encontra qualquer fundamento na Constituição."

Nesse sentido, concordamos com a posição de que a lei estaria aviltando o mandamento constitucional ao estabelecer, "excetuando-se os valores destinados ao Programa de Crédito Educativo".

Outros pontos que impactam discussão trataremos adiante, como as contribuições ao "Sistema S".

O que nos parece importante destacar ao final deste tópico é que as minúcias das exações praticadas com espeque no permissivo constitucional, alinhado e traçado em nome de algo maior, o "bem-estar e a justiça social", carece de maior esforço fiscalizatório ou mesmo organizacional pelo Estado.

As ilustrações acima apenas apontam de modo resumido as exações instituídas com respaldo no traço constitucional e que devem alimentar o "caixa" do Estado para possibilitar as prestações por ele garantidas.

Na Seguridade Social, como vimos, essa preocupação é tão evidente que o legislador vale-se de poderosa ferramenta (o princípio-regra contido no art. 195, § 5º, regra da contrapartida).

Das saudosas e didáticas aulas da Prof. Heloisa Derzi, recorda-se quadro elucidativo que em nosso entender deveria permear de forma transparente todo o sistema protetivo:

- Contribuições de toda a Sociedade
- Ingresso de Recursos
- Entrega de Proteção Social
- Caixa da Seguridade Social
- Previdência Social
- Saúde
- Assistência Social
- Áreas de Atuação

---

(83) BALERA, Wagner. *Legislação previdenciária anotada, Leis ns. 8.212/91 e 8.213/91*. São Paulo: Modelo, 2011. p. 81.

3. DA ESTRUTURA ESTATAL AO ATENDIMENTO DA ORDEM SOCIAL

Como bem enfatiza o trabalho de Thiago Simões[84], é próprio da natureza humana buscar *a ordem em meio ao caos*. Tal constatação relaciona-se a necessidade de constante integração e compreensão, pela humanidade, daquilo que nos circunda.

Não é outro o sentido de se querer a redução da complexidade de todas as coisas, é assim na pesquisa cientifica, no avanço tecnológico e não poderia ser diferente no Direito.

Para tanto é feito um *corte epistemológico*, segregando do todo o objeto relevante para fins de apreensão.

Assim, buscamos separar o sistema de seguridade social e agora por meio de novo corte, direcionar o estudo para a compreensão da Organização da Administração Pública e a realização do ideal de proteção, analisando seus pontos de interdependência operacional.

O corte promove a separação de elementos designados sob algum tipo de critério. Esse critério é a qualidade necessária para inclusão do elemento na classe cuja qualidade compõe a função.

Na lição de Lourival Vilanova verificamos que para a criação do sistema é preciso eleger um ponto ou característica *chave* de ingresso no próprio sistema, vejamos:

> "*Se a norma fundamental é a proposição básica, logicamente é um postulado. Começa o sistema proposicional normativo com ela. Não antes.*"[85]

Nesse escorço, os sistemas são organizados mediante *relações internas* entre seus elementos, com o objetivo de atenderem a uma pretensão humana.

---

(84) SIMÕES, Thiago Taborda. *Contribuições sociais, aspectos tributários e previdenciários*. São Paulo: PUC-SP, 2011.
(85) VILANOVA, Lourival. *As estruturas lógicas e o sistema de direito positivo*. 4. ed. São Paulo: Noeses, 2010. p. 125.

Como já dissemos, é o caso do sistema jurídico composto por normas jurídicas, como o sistema de seguridade social, por exemplo, que se reveste de regras jurídicas relacionadas à relação de proteção social.

Essa estrutura permite transformações e toda transformação operada no direito é realizada com base na linguagem técnica do próprio direito.

E essa qualidade que confere ao direito uma característica denominada de autopoiese, ou o caráter *autopoiético* próprio das coisas capazes de autocriação.

Nesse sentido, acompanhando as alterações estruturais propostas com o avanço do ordenamento jurídico, do ponto de vista organizacional, gradualmente vimos ocorrer a substituição do modelo de Estado Produtor (empresário) por um modelo Regulador (normatizador) de bens e serviços, e provedor de políticas sociais.

Certamente que o palco dessa transformação está no enfrentamento da crise fiscal, os esforços para a retomada do crescimento econômico e a legitimação de um novo arcabouço institucional para o Estado democrático[86].

3.1. Da descentralização do Estado

A gestão do setor público vivencia crise do modelo burocrático consolidado a partir da década de 1930, que se traduz no diagnóstico de ineficiência e ineficácia dos procedimentos, atrofia das organizações, inadequação tecnológica, incompatibilidade do modelo de administração com o novo modelo de desenvolvimento econômico e social envidado.

O Decreto-lei n. 200/67 representou a primeira tentativa de constituição de uma administração gerencial[87].

As propostas de alteração nos mecanismos de tomada de decisão do aparelho estatal, modificando critérios tradicionais de formação da burocracia e difundindo a contratualização nas organizações públicas.

Surge uma orientação para a descentralização entendida como quebra do monopólio administrativo do Estado e a exigência de responsabilizar os agentes públicos, ou seja, a abertura do Estado à participação e ao controle social.

---

(86) RIBEIRO, Sheila Maria Reis. Reforma do aparelho de estado no Brasil: uma comparação entre as propostas dos anos 1960 e 1990. *VII Congreso Internacional del CLAD sobre la Reforma del Estado y de la Administración Pública*, Lisboa, 8-11 oct. 2002.
(87) SOBRINHO, Manoel de Oliveira Franco. *Comentários a reforma administrativa federal*. 2. ed. São Paulo: Saraiva, 1983.

A lição de Michel Temer sobre a descentralização:

> "A descentralização administrativa implica pois, na criação de novos centros dotados de capacidade, os quais agem e deliberam em nome próprio."[88]

Por essa razão, o Estado procura realizar uma descentralização de funções, chamando para gerir serviços públicos entidades "semipúblicas" de natureza jurídica imprecisa, e até mesmo organizações particulares.

Cria-se novas pessoas de Direito Público para exercerem uma função delegando uma parcela de sua competência a certas organizações privadas e elaborando uma nova técnica de arrecadação de recursos para atender aos seus gastos astronômicos. O Estado Moderno ensejou o aparecimento de uma finança típica, com peculiaridades e objetivos próprios denominada por Morselli[89] de "finança complementar" e batizada no inventário Schuman de "parafiscalidade".

Assim, eis a técnica parafiscal admitida pelo Estado Moderno como uma solução para os seus angustiantes problemas econômicos e sociais. Delineados os contornos e para ser contida em um arcabouço jurídico, a importância numérica da parafiscalidade entre os brasileiros pode ser percebida por meios indiretos a resistência de muitas entidades na transparência dos números correspondentes às suas arrecadações.

A obra de Persiani[90] demonstra que a característica do Estado Democrático é justamente a vitória do povo — indiretamente representado nas assembleias — sobre o Monarca em assuntos relativos às finanças públicas.

Com isso, no novo contexto de fiscalização financeira se mostrou necessária a elaboração de um sistema de recursos técnicos pelos quais pudesse efetuar da melhor forma o controle a que se obrigava o Estado em nome dos representados.

A evolução e o alargamento das finalidades do Estado ensejaram o fenômeno da cisão do conceito de serviço público, obrigando a uma organização estatal com a transferência da incumbência de atender as necessidades incorporadas às suas finalidades a entidades outras, de onde resultaram os tipos de descentralização de serviço, como as autarquias etc.

---

(88) TEMER, Michel. *Território federal nas constituições brasileiras*. São Paulo: Revistas dos Tribunais, 1976.
(89) PERSIANI, Mattia. *Direito da previdência social*. 14. ed. São Paulo: Quartier Latin, 2009.
(90) *Idem*.

O *serviço público* se mostra como uma prestação de atividade, seja ela feita pelo Estado, por um órgão estatal territorialmente descentralizado, por um órgão funcionalmente descentralizado, ou mesmo pelo particular, não importa pois a natureza do órgão. Outro elemento do conceito é a natureza teleológica e se refere à satisfação de uma necessidade pública.

A necessidade pública pode ser definida como *uma prestação de atividade destinada a satisfazer uma necessidade sentida por um grupo de pessoas não conhecidas individualmente*.

Os serviços prestados pelo SENAI e SENAC, por exemplo, atendem a necessidades sentidas por grupos de indivíduos não conhecidos individualmente e que não poderiam normalmente ser satisfeitas sem a ajuda decisiva do Estado. Daí a criação normativa das entidades com previsão de custeio e ao mesmo tempo, designações atreladas ao campo dos Direitos Sociais.

Quaisquer dos serviços executados pelas chamadas entidades parafiscais é de natureza pública.

É certo que o direito em seu sistema de proteção, em vistas das alterações na organização estatal, como destacado antes, tratou também de amoldar o desenho legal, sendo certo que na competência do Tribunal de Contas encontra-se o poder de julgar as contas dos dirigentes das autarquias e dos responsáveis por dinheiro ou outros bens públicos.

Os encargos parafiscais não são investimentos voluntários e livres, não traduzem a adesão espontânea aos estatutos de um organismo, ou a procura espontânea de uma contraprestação determinada.

Referidas arrecadações são operadas sem o consentimento prévio daqueles que as suportam, do ponto de vista orgânico e formal, entretanto, uma diferença notável se assinala — o procedimento tradicional não é observado, o que é alvo de latentes críticas em razão da efetiva importância no âmbito das prestações sociais que desenvolvem estas entidades[91].

É indispensável o respeito à regra da universalidade das receitas, entretanto, isso somente ocorrerá quando unificados os vários orçamentos existentes no país, os quais contabilizam receitas eminentemente públicas, quase todas no setor das finanças parafiscais.

O orçamento anteriormente era um instrumento tipicamente político instituído mais para possibilitar ao Legislativo o controle do emprego dos recursos públicos pelo Executivo do que para servir de orientação administrativa.

---

(91) CALCIOLARI, Ricardo Pires. *O orçamento da seguridade social e a efetividade dos direitos sociais*. Curitiba: Juruá, 2012.

A transformação das finalidades do Estado abriu-lhe novos horizontes, de maneira que o orçamento, em consonância com a técnica formal a que se acostumara, não mais pode ser a simples contabilização das receitas e despesas, com uma finalidade meramente política.

Como veremos a seguir, o Estado valeu-se da lei orçamentária como instrumento para organizar todos os programas de intervenção, seja nos domínios da economia privada, quer por meio dos processos de redistribuição da renda nacional visando atingir um fim de justiça social, quer procurando ajudar o desenvolvimento de setores da produção, quer substituindo a atividade de natureza econômica, quer, ainda, descentralizando funções novas de previdência e assistência sociais.

Se as contribuições parafiscais são uma forma tributária, isto é, se elas constituem dinheiro público porque são arrecadadas por efeito de uma obrigação legal e para atender a um serviço de natureza funcionalmente pública, dúvida não se tenha de que todas as contribuições parafiscais arrecadadas, devem se inscrever em lei orçamentária como uma decorrência da obediência ao citado preceito constitucional.

Essa é a razão pela qual se critica a ausência de unidade orçamentária, possibilitando o agrupamento de todas as receitas e despesas em um documento só, de maneira a se tornar mais fácil a tarefa dos legisladores de apreciar a vida financeira do Estado.

Parte III

1. Do Planejamento Específico

1.1. Do conceito de plano

O plano a que me refiro nesta etapa do presente trabalho não está relacionado ao planejamento econômico e as regras contempladas para o orçamento fiscal e financeiro. Referidos instrumentos que serão mais bem analisados nos próximos tópicos, inclusive com discrepâncias diante da incorporação de modelos da Alemanha, França e Nova Zelândia, e que consideramos estarem presentes e bem estruturados no ordenamento jurídico, em condições de interação com o Sistema de Seguridade Social.

Interessante a observação traçada por Daniel Pulino[92] em nota de artigo em que explica exatamente a noção genérica do Planejamento anunciada por Eros Grau:

> "Para o autor, ademais, o planejamento a que se refere o art. 174 da Constituição não é o planejamento da economia nem o da atividade econômica, mas, sim, sempre, planejamento do desenvolvimento nacional, no sentido de que deve a União elaborar planos nacionais e regionais de desenvolvimento econômico e social, propostos pelo Executivo e aprovados pelo Legislativo com sanção pelo Presidente da República."

A questão que nos ocupa é o fato de não existir, institucionalizado e organizado, um local, um espaço, no qual se possa desenvolver planos de ação ou *planejamentos específicos* para a Seguridade Social.

Desde a promulgação da Constituição Cidadã, passados quase 25 (vinte e cinco) anos, a integração sistêmica da Seguridade Social não tem sido organizada no plano infraconstitucional, a concatenação ideal das perspectivas para a Seguridade Social não tem se realizado de modo conjugado.

---

(92) PULINO, Daniel. A atuação estatal na regulação e fiscalização das entidades fechadas de previdência complementar. In: *Fundos de pensão* – aspectos jurídicos fundamentais. São Paulo: Abrapp/ICSS/Sindapp, 2009. p. 24-49.

Na linha do que já ressaltamos, a fragilidade integradora começa pela inexistência de um órgão deliberativo para a Seguridade Social que possa trabalhar com as questões e necessidades de cada subárea, em prol do objetivo integrado de proteção das necessidades, com espaço para as discussões lançadas pelos conselhos de cada área.

A extinção do Conselho Nacional de Seguridade Social em 1999 (Medida Provisória n. 1.799-5) sequer permitiu que alguma marca organizacional fosse operada, ou que a implementação do princípio contido no art. 194, VII, tivesse acomodação, posto que a criação do mesmo ocorreu em 1991 com a Lei n. 8.212.

De fato as áreas do sistema de proteção (Previdência, Saúde e Assistência Social) caminham sozinhas e isoladas sem a integração prevista pela CF/88, em verdadeira *guerra de atribuições de responsabilidades*[93]. De um lado a área da saúde transfere as angústias de seus problemas ao déficit existente na previdência; a previdência por sua vez questiona a ausência de aportes do orçamento fiscal e os desvios praticados; e a assistência social aponta a quase anulação de recursos ao segmento ante as destinações à saúde e à previdência.

Ao que se vê, no campo abaixo da sistematização trazida com constituição, onde de fato se operam as prestações da Seguridade Social, as áreas correspondentes ao projeto integrador se encontram à sorte dos planos gerais do Estado para o desenvolvimento social.

Esse cenário pode se relevar um importante ensejador ou permissivo das distorções apontadas pelos economistas e especialistas nos competentes estudos e teses sobre a questão da suficiência de recursos para a Seguridade Social[94].

Essa preocupação parece ter permeado o legislador ordinário, quando em 1991 promulga a Lei n. 8.212/91, com a denominação de *plano de custeio*, e curiosamente no mesmo diploma institui o Conselho Nacional de Seguridade Social. Entretanto, tal diploma não se apresenta como instrumento do qual estamos a discorrer.

Buscando alcançar esse elemento, partiremos do presente capítulo do trabalho da compreensão do aparato legal existente em termos de planejamento geral e os instrumentos orçamentários disponíveis para atender a Proteção Social esculpida na Seguridade Social.

---

(93) Observações oriundas da apreensão dos artigos citados neste trabalho (Ivanete Bosquetti e Solon Magalhães).
(94) Embasamento nas teses de Denise Gentil e obras publicadas de Ricardo Calciolari e Ivante Bosquetti.

1.2. Da noção geral de planejamento

Os conceitos alcançados pela doutrina sobre planejamento econômico poderá nos emprestar ideia geral de um programa de coesão para a execução do sistema de seguridade social.

Alguns trabalhos no campo das ciências econômicas e sociais trazem com maturidade e riqueza de dados, afirmação de que no cenário da efetividade dos direitos sociais — além do desenho constitucional de participação de toda a sociedade —, o Estado necessita cumprir seu papel de integrante desta coletividade e realizar aportes financeiros em políticas sociais[95], deixando de desvincular os recursos e ignorar os meios legais, que apenas o deslegitima, e sua própria atuação.

Para a continuidade do presente estudo, nos valeremos de alguns conceitos e definições objetivando compreender tudo o quanto relacionado às necessidades de programação ou projeções para a execução financeira da Proteção Social.

Emprestaremos aqui o conceito bastante genérico de Lima Lopes[96] para a tentativa de análise das políticas públicas que envolvem a proteção social de seguridade social:

"Uma política pública, juridicamente, é um complexo de decisões e normas de natureza variada."

O autor continua oferecendo exemplo de compreensão:

"Para promover a educação ou a saúde o que deve fazer o Estado? Quais os limites constitucionais, quais as direções impostas pela Constituição? A falta de reflexão sobre o complexo de normas que aí se entrelaçam pode ser fonte de trágicos mal-entendidos."

Não nos parece sem razão que o constituinte por meio da Carta Cidadã previu a adoção de planejamento estatal, com intervenção na Ordem Social para a garantia dos objetivos que traçou.

É simples concluir que o Estado, ainda com traço intervencionista, sendo o maior agente econômico, apresenta-se como o principal realizador de serviços

---

(95) CALCIOLARI, Ricardo Pires. *O orçamento da seguridade social e a efetividade dos direitos sociais*. Curitiba: Juruá, 2012. p. 20.
(96) LOPES, José Reinaldo Lima. Direito subjetivo e direitos sociais: o dilema do judiciário no estado social de direito. In: FARIA, José Eduardo (org.). *Direitos humanos, direitos sociais e justiça*. São Paulo: Malheiros, 2002. p. 131-132.

públicos e maior investidor do mercado. Com isso cabe a ele o planejamento econômico e social, por meio de regulamentação, estímulo e proteção.

A posição integradora da Proteção Social consequentemente implica na potencialização das despesas com a Seguridade Social, e nessa medida é que o instrumental legal se preocupou com a contrapartida de ingressos compatíveis com o volume dos encargos.

Nesse passo, a garantia dos direitos da seguridade social não ocorre de modo simplista, com a mera determinação de um rol de direitos, mas também com a afetação constitucional de receitas pelo sistema orçamentário.

Entretanto, como aponta o trabalho de Calciolari[97], inúmeros são os mecanismos de flexibilização e estratégias contábeis utilizadas para desviar parcelas destinadas aos direitos sociais e cobrir encargos das dívidas ou altas taxas de juros; elementos que procuraremos verificar se afetam a programação para a Seguridade Social.

Nesse ponto das considerações cabe indagar o que seria planejamento? Quais os efeitos ou impactos para a Seguridade Social?

A importante tese de Eros Roberto Grau, apresentada quando do concurso de livre-docência na Universidade de São Paulo, ressalta a conclusão obtida no cenário mundial desde o período final da Segunda Guerra de que o "planejamento é pressuposto indispensável de todo programa de ação política, econômica ou social"[98].

Nelson Rodriguez Garcia e María Magdalena Salomón de Padrón conceituam o plano "como um conjunto de disposições e meios previamente estabelecidos e combinados em função da execução de um projeto voltando à consecução de objetivos predeterminados". Destacando a característica finalística desta medida.

Continuando com a lição de Eros Grau vemos que o conceito de planejamento perpassa pela ideia de atividade-meio, uma metodologia que objetiva prever comportamentos econômicos e sociais futuros e definir possibilidade de ação estatal, pontuando assim:

> "Conceituo o planejamento econômico, assim, como forma de ação estatal, caracterizada pela previsão de comportamentos econômicos

---

(97) CALCIOLARI, Ricardo Pires. *O orçamento da seguridade social e a efetividade dos direitos sociais*. Curitiba: Juruá, 2012. p. 70-71.
(98) GRAU, Eros Roberto. *Planejamento econômico e regra jurídica*. São Paulo: Revista dos Tribunais, 1978. p. 12.

e sociais futuros, pela formação explícita de objetivos e pela definição de meios de ação coordenadamente dispostos, mediante a qual se procura ordenar, sob o ângulo macroeconômico, o processo econômico, para melhor funcionamento da ordem social, em condições de mercado."[99]

Calciolari pontua que "o planejamento é, por fim, a racionalização do exercício de intervenção econômica e social do Estado"[100].

É certo que parte desta atividade ocorre por meio de normas de Direito Financeiro, como se vê da relação estabelecida pelo constituinte de 1988 entre o planejamento, a previsão de receitas e a fixação de despesas públicas.

Válido mais uma vez ponderarmos as propostas de mudanças na formatação do Estado, em especial, no Estado do Bem-estar Social.

Da lição de Ricardo Lobo Torres[101] notamos propostas para a superação da "crise do *Welfare State*" com indicação de alguns *modelos* de Estado, como, o Estado Guarda-Noturno (*right-watchman state*), resumido com a detenção do monopólio da força e oferecendo proteção tão somente àqueles que a querem e pagam por ela, sendo que aos que não pagam não haverá proteção.

Discorre ainda o autor sobre o modelo de Estado, sem o direito formal, substituído pela autoregulamentação, o Estado *Pós-Moderno*, vivenciado na sociedade de risco[102], baseado na desregulamentação, na deslegalização e na desestabilização de instituições estabelecidas, permitindo a mobilização coletiva em defesa de interesses difusos, refletindo num Estado informal.

Entretanto, o que se observa é que o *Welfare State* não conseguirá desaparecer, mas sofrerá significativas transformações ante a diminuição de sua estrutura e a modulação do seu intervencionismo, não deixando de ser um Estado Social Fiscal.

Como bem se observa na lição de Lobo, a diminuição dos excessos do *Welfare State* se aproximará do que se denomina Estado de Impostos e Estado de Prestações pelos alemães, ante a constatação da sobrevivência dos ingressos

---

(99) GRAU, Eros Roberto. *Planejamento econômico e regra jurídica*. São Paulo: Revista dos Tribunais, 1978. p. 65.
(100) CALCIOLARI, Ricardo Pires. *O orçamento da seguridade social e a efetividade dos direitos sociais*. Curitiba: Juruá, 2012. p. 132.
(101) TORRES, Ricardo Lobo. *Tratado de direito constitucional, financeiro e tributário*. Rio de Janeiro: Renovar, 2000. v. V: Orçamento na Constituição.
(102) A expressão aqui destacada decorre da obra de Beck que aborda a existência de riscos individuais e globais e a distribuição desigual dos riscos. (BECK, Ulrich. *Sociedade de risco rumo a uma outra modernidade*. 2. ed. São Paulo: Editora 34, 2011).

tributários, diminuídos com a privatização das empresas estatais, e ainda com a desregulamentação do social e o aporte das receitas patrimoniais e parafiscais.

Demais disso, será pela via da despesa pública que essa nova formatação de Estado procurará reduzir as desigualdades sociais, com a entrega de prestações públicas sem, contudo, é claro, pautar-se na ideia da inesgotabilidade dos recursos públicos e da possibilidade plena e total de garantir a felicidade do homem.

Nesse sentido é que Lobo defende que é por meio do orçamento que se procura o equilíbrio entre a receita e a despesa pública e se pode atuar como "fiador da redistribuição de rendas"[103].

A garantia dos Direitos Humanos parece ser o norte desta imagem atual do Estado delineado e com vocação direcionada para esta finalidade dos gastos públicos.

Nesse cenário, o Estado Democrático de Direito da Constituição de 1988, afirma-se, sobretudo, na via do orçamento com o controle dos gastos públicos, o redirecionamento das despesas vinculadas às políticas sociais e certa regulação do social e do econômico, configurando-se como *Estado Democrático e Social Fiscal*[104].

O planejamento, portanto, poderá ser identificado por diversos atos jurídicos. Notadamente, as normas relativas às despesas e receitas públicas se mostram cruciais na análise do projeto de proteção social que implica na intervenção estatal e, portanto, não se bastariam exclusivamente na indução de condutas pelo mercado.

A necessidade de se manter o equilíbrio fiscal das contas públicas impõe a utilização de instrumentos específicos que viabilizem o planejamento geral do Estado e como veremos, são eles, as leis orçamentárias.

---

(103) TORRES, Ricardo Lobo. *Tratado de direito constitucional, financeiro e tributário*. Rio de Janeiro: Renovar, 2000. p. 18. v. V: Orçamento na Constituição.
(104) *Idem*.

2. Do Conceito de Orçamento

O Ministério do Planejamento de forma bastante didática apresenta nas redes sociais, por meio de atual ferramenta de acesso, a noção e o funcionamento do Orçamento[105].

O histórico nacional em matéria orçamentária começa com a ideia liberal constitucionalizada em 1824, mas sem que pudéssemos tê-la experimentado

---

(105) O Orçamento Geral da União (OGU) é formado pelo Orçamento Fiscal, da Seguridade e pelo Orçamento de Investimento das empresas estatais federais. Existem princípios básicos que devem ser seguidos para elaboração e controle do Orçamento que estão definidos na Constituição, na Lei n. 4.320, de 17 de março de 1964, no Plano Plurianual e na Lei de Diretrizes Orçamentárias. A Constituição Federal de 1988 atribui ao Poder Executivo a responsabilidade pelo sistema de Planejamento e Orçamento que tem a iniciativa dos seguintes projetos de lei:
• Plano Plurianual (PPA);
• De Diretrizes Orçamentárias (LDO);
• De Orçamento Anual (LOA).
No Congresso, deputados e senadores discutem na Comissão Mista de Orçamentos e Planos a proposta enviada pelo Executivo, fazem as modificações que julgam necessárias por meio das emendas e votam o projeto. A Constituição determina que o Orçamento deve ser votado e aprovado até o final de cada Legislatura. Depois de aprovado, o projeto é sancionado pelo Presidente da República e se transforma em Lei. A Lei Orçamentária brasileira estima as receitas e autoriza as despesas de acordo com a previsão de arrecadação. Se durante o exercício financeiro houver necessidade de realização de despesas acima do limite que está previsto na Lei, o Poder Executivo submete ao Congresso Nacional projeto de lei de crédito adicional. Por outro lado, crises econômicas mundiais como aquelas que ocorreram na Rússia e Ásia obrigaram o Poder Executivo a editar Decretos com limites financeiros de gastos abaixo dos limites aprovados pelo Congresso. São chamados de Decretos de Contingenciamento em que são autorizadas despesas no limite das receitas arrecadadas. A Lei de Responsabilidade Fiscal, aprovada em 2000 pelo Congresso Nacional introduziu novas responsabilidades para o administrador público com relação aos orçamentos da União, dos Estados e municípios, como limite de gastos com pessoal, proibição de criar despesas de duração continuada sem uma fonte segura de receitas, entre outros. A Lei introduziu a restrição orçamentária na legislação brasileira e cria a disciplina fiscal para os três poderes: Executivo, Legislativo e Judiciário. O Orçamento brasileiro tem um alto grau de vinculações — transferências constitucionais para Estados e municípios, manutenção do ensino, seguridade social, receitas próprias de entidades etc., que tornam o processo orçamentário extremamente rígido. Esse excesso de vinculações e carimbos ao Orçamento levou o Governo Federal a propor a DRU — Desvinculação de Receita da União, por meio de emenda constitucional, o que irá trazer maior flexibilidade à execução orçamentária. (Disponível em: <http://www.planejamento.gov.br/secretaria.asp?cat=51&sub=129&sec=8>).

intensamente, o que reflete para o fato de que até hoje se registra a dificuldade em realizar o controle político do orçamento e o enfoque da alocação de verbas orçamentárias.

Ricardo Lobo nos ensina que será preciso ruptura da atitude básica, tanto da sociedade como da classe política face ao orçamento público, abandonando teses preconceituosas de que somente alguns países desenvolvidos conseguiriam escapar do crescimento da dívida pública e dos orçamentos desequilibrados; são problemas culturais, decorrentes da formação moral e jurídica.

Destaque para a citação na obra de Lobo enfatizando que "as finanças são sempre para muitos, algo misterioso, quase um tabu. Não se fala sobre dinheiro; isso tem raízes históricas"[106].

Essa sensação de desconhecimento fomentou o presente trabalho especialmente em razão do espanto causado ao se estudar detidamente a Seguridade Social e ao perceber as raízes deste modelo que surgem da perspectiva de um economista, chamado a elaborar um estudo para prover as necessidades básicas do ser humano.

Não obstante é inconteste que o constituinte de 1988 vivenciara quadro de caos financeiro no país anotado pelo modelo praticado pelo autoritarismo, que se pautava na falta de transparência, na manipulação dos orçamentos pelo Executivo, com fragilidade no controle do gasto público, e a moralidade administrativa comprometida; não esquecendo a centralização de recursos e tarefas no Governo Federal e o descontrole do endividamento público.

Com isso a Constituição de 1988 adotou na mesma lei o orçamento fiscal, o orçamento das entidades estatais e orçamento da seguridade social. Referida postura não encontra inspiração em outros modelos, uma vez que muitos países mantém o orçamento da Seguridade Social fora do orçamento Geral do Estado, o que tentaremos avaliar se é também vertente causadora das distorções que se tem observado.

De todo modo, esse modelo unificado dos orçamentos permitiu maior *controle da utilização de recursos do orçamento fiscal e da seguridade social, para suprir necessidades ou cobrir déficits de empresas, fundações e fundos, mas teve a desvantagem de confundir as fontes de financiamento da Seguridade Social com as do Tesouro Público*[107].

É preciso registrar que o modelo insculpido no art. 165 da CF/88 apresenta incoerências decorrentes da incorporação desconexa de modelos orçamentá-

---

(106) TORRES, Ricardo Lobo. *Tratado de direito constitucional, financeiro e tributário*. Rio de Janeiro: Renovar, 2000. p. 35. v. V: Orçamento na Constituição.
(107) *Idem*.

rios praticados em sistemas parlamentaristas, o que se contrapõe ao modelo nacional do presidencialismo[108].

O orçamento regula o social e o econômico por meio da administração, mas não vincula integralmente o Executivo, posto que a lei orçamentária apenas prevê as receitas e autoriza as despesas, competindo à autoridade administrativa, com larga dose de discricionariedade, efetivar os gastos e implementar a atividade-fim

Ademais, a Administração não dirige o orçamento, a fixação de receitas tributárias não se faz para atender integralmente as políticas públicas traçadas pelo Executivo, posto que se subordinam também a critérios de justiça fiscal e às leis materiais, à escassez de recursos e limita os gastos em políticas sociais; e a lei anual orçamentária acaba por se constituir no documento que sintetiza e dá objetividade numérica à atividade administrativa.

A função reguladora do orçamento, manifestação do Estado Democrático e Social Fiscal, implica, pois, diminuição da exagerada competência de que gozava a Administração no Estado de Bem-estar Social.

2.1. A configuração orçamentária na CF/88

A Constituição Federal tratou da matéria orçamentária no capítulo das Finanças Públicas, na seção denominada "ORÇAMENTOS", a partir do art. 165:

'Art. 165. Leis de iniciativa do Poder Executivo estabelecerão:

I — o plano plurianual;

II — as diretrizes orçamentárias;

III — os orçamentos anuais.

§ 1º A lei que instituir o plano plurianual estabelecerá, de forma regionalizada, as diretrizes, objetivos e metas da administração pública federal para as despesas de capital e outras delas decorrentes e para as relativas aos programas de duração continuada.

---

(108) Ricardo Lobo critica essa transplantação: "Só a martelo essas ideias se encaixam no figurino constitucional brasileiro". TORRES, Ricardo Lobo. *Tratado de direito constitucional, financeiro e tributário*. Rio de Janeiro: Renovar, 2000. p. 73. v. V: Orçamento na Constituição.

§ 2º A lei de diretrizes orçamentárias compreenderá as metas e prioridades da administração pública federal, incluindo as despesas de capital para o exercício financeiro subsequente, orientará a elaboração da lei orçamentária anual, disporá sobre as alterações na legislação tributária e estabelecerá a política de aplicação das agências financeiras oficiais de fomento.

(...)

§ 5º A lei orçamentária anual compreenderá:

I — o orçamento fiscal referente aos Poderes da União, seus fundos, órgãos e entidades da administração direta e indireta, inclusive fundações instituídas e mantidas pelo Poder Público;

II — o orçamento de investimento das empresas em que a União, direta ou indiretamente, detenha a maioria do capital social com direito a voto;

III — o orçamento da seguridade social, abrangendo todas as entidades e órgãos a ela vinculados, da administração direta ou indireta, bem como os fundos e fundações instituídos e mantidos pelo Poder Público. (g. n.)

(...)

§ 7º Os orçamentos previstos no § 5º, I e II, deste artigo, compatibilizados com o plano plurianual, terão entre suas funções a de reduzir desigualdades inter-regionais, segundo critério populacional.

(...)."

Veja-se que o constituinte elenca ao lado dos orçamentos as figuras do Plano Plurianual — PPA e as Diretrizes Orçamentárias — LDO.

Passamos a comentar cada um dos instrumentos.

O plano plurianual tem por finalidade estabelecer os programas e as metas governamentais de longo prazo, aponta o interesse em prestigiar uma programação de desenvolvimento continuado, com planos de longa duração, objetivando a promoção do desenvolvimento econômico e social das diferentes regiões do país, promovendo o crescimento e a melhoria da qualidade de vida.

A denominada LDO — Lei de Diretrizes Orçamentárias, com natureza formal, compreenderá as metas e prioridades da administração pública federal, incluindo as despesas de capital para o exercício financeiro subsequente, como orientação para a elaboração da lei orçamentária anual, dispondo inclusive sobre as necessidades de alterações na legislação tributária, bem como estabelecendo políticas de aplicações das agências financeiras oficiais de fomento.

A LDO não cria direitos subjetivos para terceiros, estando a sua eficácia restrita às relações entre os Poderes.

Finalmente, os orçamentos anuais são os responsáveis por compor a *lei orçamentária anual*.

Observe-se que o modelo nacional adotou uma única lei orçamentária anual, na qual estão inseridos três orçamentos, repetindo do art. 165:

"§ 5º a lei orçamentária anual compreenderá:

I — o orçamento fiscal referente aos poderes da União, seus fundos, órgãos e entidades da administração direta e indireta, inclusive fundações instituídas e mantidas pelo Poder Público;

II — o orçamento de investimentos da empresa em que a União, direta ou indiretamente, detenha a maioria do capital social com direito de voto;

III — o orçamento da seguridade social, abrangendo todas as entidades e órgãos a ela vinculados, da administração direta ou indireta, bem como fundos e fundações instituídos e mantidos pelo Poder Público."

No sentido de preservar as categorias orçamentárias e o bom funcionamento das mesmas, estabelece a Lei Maior com importantes vedações no art. 167:

"*Art. 167. São vedados:*

I — o início de programas ou projetos não incluídos na lei orçamentária anual;

II — a realização de despesas ou a assunção de obrigações diretas que excedam os créditos orçamentários ou adicionais;

III — a realização de operações de créditos que excedam o montante das despesas de capital, ressalvadas as autorizadas mediante créditos suplementares ou especiais com finalidade precisa, aprovados pelo Poder Legislativo por maioria absoluta;

IV — *a vinculação de receita de impostos a órgão, fundo ou despesa, ressalvadas a repartição do produto da arrecadação dos impostos a que se referem os arts. 158 e 159, a destinação de recursos para as ações e serviços públicos de saúde, para manutenção e desenvolvimento do ensino e para realização de atividades da administração tributária, como determinado, respectivamente, pelos arts. 198, § 2º, 212 e 37, XXII, e a prestação de garantias às operações de crédito por antecipação de receita, previstas no art. 165, § 8º, bem como o disposto no § 4º deste artigo; (Redação dada pela Emenda Constitucional n. 42, de 19.12.2003)*

V — *a abertura de crédito suplementar ou especial sem prévia autorização legislativa e sem indicação dos recursos correspondentes;*

VI — *a transposição, o remanejamento ou a transferência de recursos de uma categoria de programação para outra ou de um órgão para outro, sem prévia autorização legislativa;*

VII — *a concessão ou utilização de créditos ilimitados;*

VIII — *a utilização, sem autorização legislativa específica, de recursos dos orçamentos fiscal e da seguridade social para suprir necessidade ou cobrir déficit de empresas, fundações e fundos, inclusive dos mencionados no art. 165, § 5º;*

IX — *a instituição de fundos de qualquer natureza, sem prévia autorização legislativa.*

X — *a transferência voluntária de recursos e a concessão de empréstimos, inclusive por antecipação de receita, pelos Governos Federal e Estaduais e suas instituições financeiras, para pagamento de despesas com pessoal ativo, inativo e pensionista, dos Estados, do Distrito Federal e dos Municípios; (Incluído pela Emenda Constitucional n. 19, de 1998)*

XI — ***a utilização dos recursos provenientes das contribuições sociais de que trata o art. 195, I, a, e II, para a realização de despesas distintas do pagamento de benefícios do regime geral de previdência social de que trata o art. 201;*** *(Incluído pela Emenda Constitucional n. 20, de 1998)* (g. n.)

§ 1º *Nenhum investimento cuja execução ultrapasse um exercício financeiro poderá ser iniciado sem prévia inclusão no plano plurianual, ou sem lei que autorize a inclusão, sob pena de crime de responsabilidade.*

§ 2º *Os créditos especiais e extraordinários terão vigência no exercício financeiro em que forem autorizados, salvo se o ato de autorização for promulgado nos últimos quatro meses daquele exercício, caso em que, reabertos nos limites de seus saldos, serão incorporados ao orçamento do exercício financeiro subsequente.*

§ 3º A abertura de crédito extraordinário somente será admitida para atender a despesas imprevisíveis e urgentes, como as decorrentes de guerra, comoção interna ou calamidade pública, observado o disposto no art. 62.

§ 4º É permitida a vinculação de receitas próprias geradas pelos impostos a que se referem os arts. 155 e 156, e dos recursos de que tratam os arts. 157, 158 e 159, I, a e b, e II, para a prestação de garantia ou contragarantia à União e para pagamento de débitos para com esta." (Incluído pela Emenda Constitucional n. 3, de 1993)

O desenho constitucional indica a aplaudida visão de imprimir segurança jurídica aos membros da sociedade, garantindo recursos específicos para a Seguridade Social, vedando os Poderes de se utilizar das arrecadações para finalidades diversas daquelas estabelecidas.

A finalidade principal do orçamento da Seguridade Social era constituir-se em um espaço próprio e integrador das ações de previdência, saúde e assistência social, assegurando a apropriação dos recursos do orçamento fiscal.

Ocorre que, tal fim não se consolidou, como sinaliza o trabalho de Boschetti[109], "a área de assistência social foi virtualmente eliminada, e a saúde imprensada, de um lado, pelo Orçamento Geral da União e, de outro, pelo Ministério da Previdência".

Por essa razão, os especialistas tem anotado *a desconstrução da ideia de seguridade social* e do seu orçamento, já presenciado nos primeiros anos de 1990, quando a legislação que regulamentou a seguridade (de modo individual a saúde, a previdência e a assistência social) criou caminhos separados para as três políticas.

Do ponto de vista do financiamento, as políticas do âmbito da seguridade social brasileira tornaram-se gradativamente discriminadas[110].

---

(109) BOSCHETTI, Ivanete. *Seguridade social e trabalho:* paradoxos na construção das políticas de previdência e assistência social no Brasil. Brasília: Letras Livres; UnB, 2006.
(110) VIANNA, Maria Lucia Teixeira Werneck. Reforma da previdência: missão ou oportunidade perdida? In: MORHY, Lauro (org.). *Reforma da previdência em questão.* Brasília: UnB, 2003. p. 317-336.

3. Das Distorções no Orçamento

Não obstante o bem estruturado arranjo orçamentário acima citado, que apontou a utilização própria de modelo, e a linha de vedações constitucionais com intuito de proteger a má utilização do sistema, lamentavelmente, as premissas não têm sido utilizadas.

Inúmeros trabalhos apontam que a União, via arrecadação, tem utilizado indiscriminadamente recursos da *seguridade social* em razão da arrecadação que realiza diretamente; o Poder Legislativo tem autorizado a transferência de recursos para outras áreas, sem nenhum compromisso com os ditames constitucionais. Têm ficado esquecidos, por parte dos Poderes Legislativo e Executivo, os papéis que a sociedade lhes atribuiu, comportando-se como senhores da coisa pública e não como meros administradores e representantes dos interesses da sociedade[111].

A fragilidade no orçamento para a Seguridade Social, já que como mencionamos, trata-se de instrumento confuso, sem transparência e que não permite verificar se o atendimento às vedações constitucionais estão sendo praticadas.

Interessante observar a vedação constante do inciso IX do art. 167 da CF, que prevê a impossibilidade de utilização dos recursos elencados no *art. 195, I, a, e II, para a realização de despesas distintas do pagamento de benefícios do regime geral de previdência social.*

Válidas ainda as advertências lançadas na obra de Ricardo Pires Calciolari[112] que, pela riqueza de informações estatísticas obtidas das instituições governamentais, do acurado estudo dos orçamentos, revelam que não há dispositivo legal (infraconstitucional) que direcione os valores arrecadados (no art. 195, I, a e II) diretamente ao pagamento dos benefícios da Previdência Social.

---

(111) VIEIRA, Helga Klug Doin. Custeio da previdência social. *Caderno de Direito Previdenciário*, Porto Alegre: Escola da Magistratura do TRF da 4ª Região, n. 3, v. I, 2005.
(112) CALCIOLARI, Ricardo Pires. *O orçamento da seguridade social e a efetividade dos direitos sociais*. Curitiba: Juruá, 2012.

Isto porque, o Orçamento Anual, embora composto das três modalidades já observadas (fiscal, entidades estatais e seguridade social), não reflete de modo individualizado os numerários.

Tais revelações trazem importante constatação: a de que não há transparência ou clareza da destinação das contribuições sociais para a Seguridade Social, e mesmo para outras contribuições como ao "Sistema S", revela Calciolari:

> "[...] frisamos a situação ímpar que caracteriza tais exações: embora sejam arrecadas pelo serviço publico federal (in casu, o INSS) são integralmente repassadas às entidades cuja administração não se vincula ao governo. Assim, tais recursos não ingressam no Orçamento da União, mas são tributos que se prestam para a garantia de direitos sociais, o que enseja a necessária fiscalização e transparência na gestão e aplicação desses recursos."[113]

O estudo realizado por Ivanete Boschetti sobre financiamento da seguridade entre 1999 e 2004 conclui:

> "A partir da análise dos recursos que financiaram as políticas da seguridade social, no período de 1999 a 2004, é possível tirar algumas conclusões, de como a estrutura do fundo público caracteriza o 'Estado Social' no Brasil: o financiamento é regressivo — quem sustenta são os trabalhadores e os mais pobres —, que não faz, portanto, redistribuição de renda; a distribuição dos recursos é desigual no âmbito das políticas da Seguridade Social; e ocorre a transferência de verbas do Orçamento da Seguridade Social para o Orçamento Fiscal. Os recursos transferidos, por meio da DRU, para composição do Superávit Primário, revelam que o Estado brasileiro age como um Robin Hood às avessas, retirando recursos dos mais pobres para os mais ricos, sobretudo para a classe dos rentistas. A baixa carga de impostos diretos no Brasil revela que as elites querem ser sócias do fundo público, mas não querem ser tributadas."[114]

Cabe ainda tratarmos de uma distorção conceitual trazida com a legislação ao denominar de seguridade o plano previdenciário dos servidores públicos, e conferindo tratamentos diferenciados no interior da mesma Previdência Social — um, para o Regime Geral dos que pertencem ao setor privado e, outro, para os do regime próprio dos que trabalham para o setor público, desse modo, maculando a premissa da universalidade e da equidade.

---

(113) CALCIOLARI, Ricardo Pires. *O orçamento da seguridade social e a efetividade dos direitos sociais*. Curitiba: Juruá, 2012. p. 97.
(114) BOSCHETTI, Ivanete. *Seguridade social e trabalho:* paradoxos na construção das políticas de previdência e assistência social no Brasil. Brasília: Letras Livres; UnB, 2006.

Sobre esta discrepância, observem-se os esclarecimentos de Vianna[115]:

> "Não há, no Brasil, pela Constituição, um sistema de previdência composto por dois regimes. A Constituição consigna um sistema de seguridade universal para todos os cidadãos e um sistema especial para o funcionalismo público (...). A operacionalização financeira da seguridade é atribuição do INSS; ativos e inativos do serviço público estão a cargo do(s) Tesouro(s) nacional (subnacionais)."

Com tal equívoco a operacionalização financeira da seguridade ficou extremamente prejudicada.

Ativos e inativos do serviço público federal, civis e militares, que possuem um regime próprio de previdência, com contribuição específica e que, em caso de déficit, deveriam ficar a cargo do Tesouro Nacional, são pagos com recursos da Seguridade Social.

Segundo se extrai da tese de Denise Gentil[116], com esse confuso processo de regulamentação dos princípios constitucionais nascia a substituição, dentro do segmento da Previdência Social, da noção de proteção social derivada do exercício da cidadania pela noção de seguro social, que leva à ideia de arrecadar contribuições e pagar benefícios, de dar acesso na medida e na proporção da contribuição.

Curioso também, a título de comparação didática e com as ressalvas temáticas necessárias, destacar a preocupação da "transparência na gestão" que norteia a Previdência Privada de natureza complementar em nosso sistema protetivo:

> "Afinal, quem voluntariamente entrega parte das economias reunidas a outrem — muitas vezes com esforço e sempre com sacrifício do consumo presente de si próprio e de seus familiares — na esperança de que deste receba maior proteção em situações futuras de necessidade deve, no mínimo, ter condições de, querendo, poder acompanhar o tratamento que está sendo dado a estes recursos."[117]

Traçando um paralelo simplista não é forçoso admitir que na Seguridade Social a transparência na gestão seja medida também de destaque, como mais uma vez lembramos, se extrai do art. 194 da Constituição Federal.

---

(115) VIANNA, Maria Lúcia Teixeira Werneck. Reforma da previdência. *Seminário de Pesquisa, Instituto de Economia – UFRJ*, Rio de Janeiro, p. 5, jun. 2003.
(116) GENTIL, Denise. Intervenção estatal no município: o caso de Belém da década de 1980. Tese de Mestrado em Desenvolvimento Sustentável do Trópico Úmido, 1986.
(117) PULINO, Daniel. *Previdência complementar. Natureza jurídico-constitucional e seu desenvolvimento pelas entidades fechadas*. São Paulo: Modelo, 2011. p. 294.

Na linha das distorções operadas pela normatização, convém anotarmos os Comentários de Solon[118], no sentido de que a demora na implementação da Lei de Custeio da Previdência Social (Lei n. 8.212/91), retardou por mais de dois anos a adoção das novas regras para o cálculo do valor das aposentadorias, mais favoráveis ao trabalhador (CF, art. 201, § 3º) e a equiparação dos benefícios rurais aos urbanos. Até mesmo o dispositivo constitucional (CF, art. 201, § 5º) que se supunha autoaplicável, segundo o qual nenhum benefício pode ter valor mensal inferior ao salário mínimo, entretanto, foi preciso a instituição do Plano de Custeio para a sua efetivação.

Ademais, algumas previsões constantes da Lei n. 8.212/91 (Lei de Custeio), posteriormente alteradas e não aplicadas respondem por mais outros graves equívocos, vejamos o art. 17:

> Art. 17. Para pagamento dos encargos previdenciários da União, poderão contribuir os recursos da Seguridade Social referidos na alínea "d" do parágrafo único do art. 11 desta Lei, na forma da Lei Orçamentária anual, assegurada a destinação de recursos para as ações desta Lei de Saúde e Assistência Social. (Redação dada pela Lei n. 9.711, de 20.11.1998)

Dos comentários de Ionas Deda Gonçalves[119], extraímos importantes críticas sobre o art. 17:

> "(...) Essa permissão legal provoca um desvio de finalidade daquelas contribuições sociais, visto que drena para a Previdência dos servidores públicos recursos que deveriam servir para combater a exclusão social. Trata-se de uma solidariedade social às avessas, pela qual se convoca a população em geral para financiar as aposentadorias e pensões de uma minoria de servidores públicos, que deveriam ter seus benefícios custeados em separado, a partir da formação de fundos (CF, art. 249) constituídos principalmente de receitas decorrentes de contribuições dos servidores e do governo, estas últimas consignadas em seu orçamento fiscal.

> Importa também em inversão da regra constitucional sobre financiamento da Seguridade Social, contida no já comentado art. 195 da CF/88: no lugar de se alimentar o orçamento da seguridade social com recursos do orçamento fiscal (contribuição da União), faz-se o contrário, ou seja, desvio dos recursos daquele orçamento para o pagamento de despesas da União com servidores inativos e outras despesas gerais.

---

(118) VIANNA, Solon Magalhães. A seguridade social, o sistema único de saúde e a partilha dos recursos. Mesa Redonda sobre Financiamento da Saúde no Brasil, 21.6.1991, São Paulo: Faculdade de Saúde Pública da USP. Ciclo de mesas-redondas: "A crise da saúde: estrangulamento, perspectiva e saída". Autor: técnico do Instituto de Pesquisa Econômica Aplicada — IPEA e Presidente da Associação Brasileira de Economia da Saúde — ABrES.
(119) GONÇALVES, Ionas Deda. Previdência social comentada. In: BALERA, Wagner (coord.). *Título VI* – do financiamento da seguridade. São Paulo: Quartier Latin, 2008.

Vale ressaltar que a seguridade social é superavitária, ou seja, arrecada mais do que gasta, sendo o aparente excesso drenado para pagamento de EPU e para aplicação em outras finalidades, por meio do mecanismo da DRU — Desvinculação de Receita da União (...)."

Outra importante questão a se enfatizar relaciona-se ao desvio de recursos da Seguridade Social por meio do mecanismo da Desvinculação das Receitas da União (DRU), com a EC n. 27/2000.

Com referida medida é permitido ao governo desvincular o percentual de 20% das receitas de contribuições sociais para usar em outros gastos, entretanto, a tese de Denise Gentil[120] revela que a desvinculação vem ocorrendo em limite superior ao legalmente definido. Veja-se da cópia das tabelas 3 e 4 lançadas no trabalho:

TABELA 3 RESULTADO DA SEGURIDADE SOCIAL 1995 a 1999 valores correntes em R$ milhões					
	1995	1996	1997	1998	1999
RECEITA [1]					
CONTRIBUIÇÃO PARA PREVIDÊNCIA SOCIAL	35.138	43.686	44.148	46.641	47.425
COFINS	14.669	17.171	18.325	17.664	30.875
CPMF	0	0	6.910	8.113	7.949
CSLL	5.615	6.206	7.214	6.542	6.767
RECEITA DE CONCURSOS DE PROGNÓSTICOS	556	484	271	529	974
PIS/PASEP [2]	3.541	4.281	4.358	4.273	5.694
TOTAL DA RECEITA	**59.519**	**71.828**	**81.226**	**83.762**	**99.684**
DESPESA [3]					
SAUDE	14.782	14.727	17.986	16.610	19.150
PREVIDENCIA [4]	36.332	45.303	48.176	56.156	60.935
ASSITÊNCIA SOCIAL [5]	788	1.268	2.132	3.103	3.841
ABONO E SEGURO DESEMPREGO	3.269	3.833	4.317	4.459	4.843
TOTAL DA DESPESA	**55.171**	**65.131**	**72.611**	**80.328**	**88.769**
RECEITA - DESPESA	**4.348**	**6.697**	**8.615**	**3.434**	**10.915**
RECEITA COM DRU [6] **- DESPESA**	**0**	**1.068**	**1.199**	**0**	**463**
Elaboração própria.					
Fontes:Receita da Seguridade Social - Ministério da Fazenda, Receita Federal, Estudos Tributários.					
Despesa da Seguridade Social - Despesa por Função - Ministério da Fazenda, Secretaria do Tesouro, Contabilidade Governamental.					
(1) Exclui a Contribuição ao Plano de Seguridade Social do Servidor Público - CSSS e a contribuição ao custeio de pensões militares.					
(2) Inclui apenas 60% da receita com PIS e PASEP. Os 40% restantes são destinados ao BNDES.					
(3) Despesa liquidada e paga por Função, inclusive pessoal e dívida. Seguro-desemprego é da função Trabalho, mas é um evento da seguridade social. Excluídas as despesas com FAT.					
(4) Estão excluídos os gastos com inativos do RPPS civis e militares.					
(5) Até 1999 os dados da função assistência vêm somados à previdência. Nesta tabela, assistência social foi separada por programa.					
(6) A DRU - Desvinculação das Receitas da União é de 20% sobre a receita, mas nos anos de 1995 e 1998, foi menor, de 17,8% e 9,2%, respectivamente.					
OBS.: A Contribuição para a Previdência Social não está sujeita a DRU. Destina-se integralmente à Previdência.					
O valor da despesa permanece o mesmo no cálculo do resultado considerando a DRU.					

---

(120) GENTIL, Denise. *Política fiscal e falsa crise da seguridade social brasileira*: análise financeira do período 1990-2005. Tese de Doutorado em Economia, 2006. p. 46-47.

TABELA 4
RESULTADO DA SEGURIDADE SOCIAL
2000 a 2005
valores correntes em R$ milhões

	2000	2001	2002	2003	2004	2005
RECEITA [1]						
CONTRIBUIÇÃO PARA PREVIDÊNCIA SOCIAL	55.715	61.060	71.028	80.730	93.765	108.434
COFINS	38.707	45.507	50.913	58.216	77.593	87.902
CPMF	14.395	17.157	20.265	22.987	26.340	29.230
CSLL	8.750	9.016	12.507	16.200	19.575	26.323
RECEITA DE CONCURSOS DE PROGNÓSTICOS	923	1.028	1.062	1.276	1.450	1.564
PIS/PASEP [2]	5.791	6.700	7.498	10.011	11.650	13.228
TOTAL DA RECEITA	**124.281**	**140.468**	**163.273**	**189.420**	**230.373**	**266.681**
DESPESA [3]						
ASSISTENCIA SOCIAL	4.442	5.298	6.513	8.416	13.863	15.806
SAUDE	20.270	23.634	25.435	27.172	32.973	36.483
PREVIDENCIA [4]	67.544	77.584	89.380	109.625	125.901	144.918
ABONO E SEGURO DESEMPREGO	4.636	5.635	7.062	8.074	9.471	11.337
TOTAL DA DESPESA	**96.892**	**112.151**	**128.390**	**153.287**	**182.208**	**208.544**
RECEITA - DESPESA	**27.389**	**28.317**	**34.883**	**36.133**	**48.165**	**58.137**
RECEITA COM DRU [5] **- DESPESA**	**13.675**	**12.435**	**16.434**	**14.395**	**20.844**	**26.488**

Elaboração própria.
Fontes: Receita da Seguridade Social - Ministério da Fazenda, Receita Federal, Estudos Tributários.
Despesa da Seguridade Social - Ministério da Fazenda, Secretaria do Tesouro, Contabilidade Governamental.
(1) Exclui a Contribuição à Seguridade Social do Servidor Público - CSSS e a contribuição ao custeio de pensões
(2) Inclui apenas 60% da receita com PIS e PASEP. Os 40% restantes são destinados ao BNDES para programas de desenvolvimento econômico.
(3) Despesa liquidada por Função, inclusive pessoal e dívida. Seguro-desemprego é da função Trabalho, mas foi incluído por ser um evento da seguridade social. Excluídas as despesas com FAT.
(4) Exclui os gastos com inativos do Regime Próprio de Previdência dos Servidores (RPPS) e inativos militares.
(5) Receita total deduzida da DRU (Desvinculação das Receitas da União no valor de 20%).
Obs.: A Contribuição para a Previdência Social não está sujeita a DRU.
O valor da despesa permanece o mesmo no cálculo do resultado considerando a DRU.

A afirmação da autora das tabelas ainda destaca que, do período avaliado, apenas nos anos de 1995 e 1998 a DRU foi inferior a 20% (17,8% em 1995 e 9,2% em 1998).

Essas constatações suscitam uma avaliação mais detida sobre os reflexos da ausência de transparência e, especialmente, se a sociedade brasileira encontra-se atenta e no caminho adequado para o atendimento do objetivo maior lançado com o Sistema de Seguridade Social, o bem-estar da sociedade.

4. Do Discurso Deficitário

Ainda, com base nos estudos e teses já citados neste trabalho, este tópico pretende apontar relevante ponto constantemente vinculado como fator de desencorajamento para as medidas relacionadas à Seguridade Social: o conhecido déficit do sistema.

Por isso, consideramos interessante citar uma das conclusões trazidas na tese de Denise Gentil no sentido que *nem a previdência social brasileira nem o sistema de seguridade social instituído pela Constituição Federal de 1988 são deficitários; são, ao contrário, superavitários, e esse superávit, cuja magnitude é expressiva, vem sendo sistematicamente desviado para outros usos*[121].

Por outro lado, o estudo aponta que as fraudes, sonegação, uso indevido dos recursos da Previdência Social, planejamento precário, problemas administrativos graves e manipulação política da máquina previdenciária tiveram repercussões financeiras negativas sobre o sistema previdenciário.

Finalmente lembramos o atual programa de governo denominado *Brasil Maior* que largamente se divulga[122]:

> "O Plano adotará medidas importantes de desoneração dos investimentos e das exportações para iniciar o enfrentamento da apreciação cambial, de avanço do crédito e aperfeiçoamento do marco regulatório da inovação, de fortalecimento da defesa comercial e ampliação de incentivos fiscais, e facilitação de financiamentos para agregação de valor nacional e competitividade das cadeias produtivas."

Ocorre que não vimos constar menção a referidas medidas trazidas com o *Plano Brasil Maior* nas leis orçamentárias de 2010 e 2011[123] e seus anexos (2399 páginas), tampouco nas Leis de Diretrizes Orçamentárias.

Essa omissão pode representar também distorções futuras.

---

(121) GENTIL, Denise. *Política fiscal e falsa crise da seguridade social brasileira:* análise financeira do período 1990-2005. Tese de Doutorado em Economia, 2006. p. 65.
(122) Disponível em: <http://www.brasilmaior.mdic.gov.br/conteudo/128>.
(123) Leis ns. 12.214/2010 e 12.381/2011. Disponível em: <http://www.planejamento.gov.br/secretaria.asp?cat=50&sub=507&sec=8>.

Todas essas distorções aqui comentadas, implicam na possibilidade de questionamento do contribuinte frente ao Estado, já que de modo compulsório é chamado a contribuir e o faz visto a solidariedade com a qual coaduna. Entretanto, o próprio sistema ao desviar a finalidade destas acaba por legitimar medidas judiciais, como observamos na lição de Misabel Derzi:

> "O contribuinte pode opor-se à cobrança de contribuições que não esteja afetada aos fins, constitucionalmente admitidos; igualmente poderá reclamar a repetição do tributo pago, se, apesar da lei, houver desvio quanto à aplicação dos recursos arrecadados. É que, diferentemente da solidariedade difusa ao pagamento de impostos, a Constituição prevê a solidariedade do contribuinte no pagamento de contribuições e empréstimos compulsórios e a consequente faculdade outorgada à União de instituí-los, de forma direcionada e vinculada a certos gastos. Inexistente o gasto ou desviado o produto arrecadado para outras finalidades não autorizadas na Constituição, cai a competência do ente tributante para legislar e arrecadar."[124]

Veremos a seguir as consequências das distorções e as conclusões do presente estudo.

---

(124) BALEEIRO, Aliomar. *Limitações constitucionais ao poder de tributar*. 7. ed. Atualizadora Misabel Abreu Machado Derzi. Rio de Janeiro: Forense, 1997. p. 598.

PARTE IV

1. DA AUSÊNCIA DE INTEGRAÇÃO NA SEGURIDADE SOCIAL

1.1. Sufocamento da solidariedade sistêmica

Somos cientes de que a construção da seguridade social brasileira não contou com um percurso histórico que tivesse produzido efeitos socioeconômicos, sequer similares, àqueles observados na sociedade europeia, tampouco condições políticas favoráveis, como foram as do pós-guerra.

Assim, os elementos que alavancaram a ampliação da Proteção Social naqueles sistemas, como a influência dos sindicatos na representação dos empregados, o peso da representação parlamentar dos partidos operários, dentre outros, não estavam presentes para legitimar o sistema de seguridade social que nascia em 1988, após árduo período de regime militar.

Importante a descrição de Aloísio Teixeira[125] sobre esse aspecto da vida nacional no período constituinte:

> *"Junto com as tentativas de modernização da máquina pública, conviveram as formas políticas mais tradicionais do clientelismo, da troca de favores e do cartorialismo. Como aqueles problemas exigiam uma vontade política e uma articulação social mais fortes do que as disponíveis na época, foram-se acumulando insucessos nas tentativas de imprimir um rumo progressista à ação pública. E, à medida que isso ocorria, o lado mais atrasado e conservador do governo foi prevalecendo até que se tornou dominante e exclusivo."*

Ainda assim, o atual cenário retrata que a sociedade brasileira não tem combatido o constante aumento de ingressos para a Seguridade Social, à revelia das distorções apresentadas.

---

(125) TEIXEIRA, Aloísio. Prefácio. In: ARAÚJO, Odília Sousa de. *A reforma da previdência social brasileira no contexto das reformas do Estado*: 1988 a 1998. Natal: EDUFRN, UFRN, 2004. p. 18.

Isto denota, além das questões socioculturais, a concordância com o ideal protetivo lançado por Beveridge e incorporado como missão pelo Constituinte de 1988.

A sociedade, incrivelmente, parece estar compactuando com o princípio da solidariedade ao sistema ao aportar os valores sem enfrentamento do Estado, que deliberadamente não se mostra cumprindo a missão integradora da Seguridade Social.

Não obstante, as distorções analisadas, ao lado de outras medidas reflexas, como a paralela continuidade do Estado em lançar medidas que visam o cumprimento cada vez mais firme pela sociedade do pacto social (ações regressivas, FAP etc.), poderão, ao longo prazo, ser observadas o desestímulo da sociedade em integrar positivamente o pacto na busca de medidas e soluções para a proteção das necessidades.

Exemplo disso é o quanto já anotado em artigo desta Autora[126], que aborda a sensação da população de uma tendência do plano de benefícios previdenciários do Regime Geral da Previdência Social, de caminhar para o provimento de prestações mínimas.

É certo que o artigo retrata conjecturas devido à ausência de estudo especializado ou detido sobre o referido panorama. Contudo, não é difícil compreender as razões pelas quais parte dos contribuintes/cidadãos atualmente enxergam ou pensam os benefícios previdenciários como rendimentos incapazes ou insuficientes de prover idealmente o seu sustento, quando da ocorrência dos "riscos sociais" (idade avançada, doença, incapacidade etc.).

Some-se a isso a ausência de interação da sociedade em órgão deliberativo da Seguridade Social, como temos insistido neste trabalho.

Nessa toada parece-nos exemplar citar trecho da obra traduzida do Plano Beveridge ao tratar de um dos princípios capitais da proposta:

> "(...) o estado não deveria sufocar o estímulo, a oportunidade, a responsabilidade; estabelecendo um mínimo social, devia deixar margem e encorajar a ação voluntária, a fim de que cada indivíduo possa obter, para si e para sua família, mais do que o mínimo que lhe é assegurado."[127]

---

(126) ALVES, Karina Suzana da Silva. O envelhecimento ativo e as aposentadorias no Brasil. *RPS*, n. 384, São Paulo, p. 899-902, 2012.
(127) BEVERIDGE, William. *O plano Beveridge*. Tradução Almir de Andrade. Rio de Janeiro: José Olympio, 1943.

A par disso, a Constituição de 1988 permanece perene com um obstáculo de difícil transposição, em termos de regresso da proteção social, já que dela não foi retirado, até os dias de hoje, o sistema de seguridade social e a dimensão social universalista está preservada.

1.2. Do planejamento específico como alternativa

Durante as reflexões sobre o tema, interessante lição se coletou da análise do anteprojeto para a Constituição Federal de 1988, elaborado por Fábio Konder Comparato[128], em obra que o autor relata a tarefa que lhe fora encomendada nos idos de 1985 pela direção nacional do Partido dos Trabalhadores, que trazia como uma das grandes novidades a criação dos Órgãos de Planejamento nos arts. 78 a 85 do instrumento encomendado.

O estudo apresentava previsão constitucional de instituição destes órgãos como centro autônomo de Poder em relação ao Legislativo e Executivo. Caberia a estes, exclusivamente, a tarefa de elaborar os planos de desenvolvimento e fiscalizar a sua execução.

Nesse sentido, a Administração Pública ficaria incumbida de assumir o encargo principal de executá-los, coordenando a atuação dos órgãos e empresas estatais, orientando e estimulando o setor público.

De outra ponta, ao Legislativo, como órgão representativo do povo, em sua unidade nacional e federal, caberia o poder de chancelá-los.

É certo que o planejamento idealizado no anteprojeto não incluía tão somente a programação das atividades econômicas, compreendendo também os setores sociais (a educação, a pesquisa científica e tecnológica, a política de natalidade, por exemplo).

O intuito do autor do anteprojeto seria submeter à política nacional à exigência de maior racionalidade sistemática e ao mesmo tempo livrá-la das pressões imediatistas e arbitrárias da luta partidária ou da competição personalista.

Consideramos espetacular a analogia no estudo de Comparato sobre o discurso de Winston Churchill apontando que: "enquanto o político pensa sempre nas próximas eleições, o planejador cuida sempre das próximas gerações".

---

(128) COMPARATO, Fabio Konder. *Muda Brasil:* uma constituição para o desenvolvimento democrático. 4. ed. São Paulo: Brasiliense, 1986.

O projeto considerava que a figura do Superintendente Nacional do Planejamento se destaca na estrutura orgânica da União como um dos grandes núcleos de poder. Razão pela qual, inclusive, o constituinte preocupou-se em mantê-lo independente do Presidente da República, que tradicionalmente concentra todos os poderes de direção e iniciativa, na história constitucional latino-americano.

É de ressaltar que o Superintendente Nacional de Planejamento é nomeado em listra tríplice elaborada pelo Conselho de Planejamento, exercendo sua importantíssima missão e funções por prazo superior ao da gestão do Presidente da República e não pode ser por este demitido.

Certamente, a independência pretendida pelo texto de 1988 buscava assegurar, ao então órgão planejador do desenvolvimento, o livre exercício do poder de fiscalização da Administração Pública e ainda poderes para propor ao Congresso Nacional o veto das normas emanadas do Executivo.

Ademais, caberia ao Superintendente Nacional de Planejamento promover frente ao Tribunal Constitucional a ação direta de invalidade de leis ou atos do Poder Público que se mostrarem contrários ao plano nacional de desenvolvimento.

Poderia ainda o Superintendente atuar, em âmbito regional, na elaboração de planos de desenvolvimento da região e na fiscalização da execução dos mesmos, podendo a fiscalização ser delegada a órgãos regionais.

A riqueza do texto do anteprojeto e a relevância que consideramos para as conclusões neste trabalho autorizam a transcrição:

"**Capítulo 2º**

Os Órgãos de Planejamento

Designação

Art. 78. São órgãos do planejamento nacional a Superintendência Nacional de Planejamento e o Conselho Nacional de Planejamento.

Nomeação e destituição do Superintendente Nacional de Planejamento

Art. 79. O Superintendente Nacional de Planejamento é nomeado pelo Presidente da República, mediante escolha em lista tríplice elaborada pelo Conselho Nacional de Planejamento, após aprovação pelo Congresso Nacional.

§ 1º O prazo da nomeação é de 6 (seis) anos, admitida a recondução, com aprovação pelo Congresso Nacional.

§ 2º O Superintendente Nacional de Planejamento não é demissível pelo Presidente da República, mas pode ser destituído do cargo, na segunda metade do seu mandato, por deliberação de dois terços dos membros do Congresso Nacional.

§ 3º A lei disporá sobre a estrutura administrativa da Superintendência Nacional de Planejamento.

Competência privativa da Superintendência Nacional de Planejamento

Art. 80. Compete privativamente à Superintendência Nacional de Planejamento, com a colaboração do Conselho Nacional de Planejamento:

I — elaborar e submeter à aprovação do Congresso Nacional, ou do órgão regional competente, conforme o caso, os planos nacionais e regionais de desenvolvimento, com os orçamentos-programas correspondentes;

II — propor ao Congresso Nacional, ou ao órgão regional competente, alterações nos planos e orçamentos-programa já aprovados.

Competência fiscal da Superintendência Nacional de Planejamento

Art. 81. Compete, igualmente, à Superintendência Nacional de Planejamento, sem prejuízo das atribuições dos Tribunais de Contas, fiscalizar a execução dos planos nacionais ou regionais de desenvolvimento já aprovados.

§ 1º O Superintendente Nacional de Planejamento pode delegar a fiscalização dos planos regionais de desenvolvimento a órgãos da própria Região.

§ 2º Pelo menos uma vez ao ano, ou sempre que solicitada por um terço dos membros de uma das Casas do Congresso Nacional, ou do órgão deliberativo regional, a Superintendência Nacional de Planejamento apresentará ao Congresso Nacional, ou ao órgão deliberativo regional, um relatório circunstanciado sobre a execução do plano em andamento.

Competência complementar da Superintendência Nacional de Planejamento

Art. 82. Incumbe ainda à Superintendência Nacional de Planejamento:

I — propor ao Congresso Nacional, ou ao órgão estadual competente, o veto de decretos-lei, ou de normas emanadas de órgãos normativos autônomos ou do Poder Executivo estadual, em razão de sua desconformidade com o plano de desenvolvimento aprovado;

II — propor ao Presidente da República, ou a Governador de Estado, o veto de leis incompatíveis com plano de desenvolvimento aprovado;

III — propor perante o Tribunal Constitucional a ação direta de invalidade de leis ou atos do Poder Público, contrários ao plano nacional de desenvolvimento em vigor;

IV — propor ao Congresso Nacional a redução ou suspensão das emissões de obrigações, de qualquer natureza, de Estados e Municípios;

V — opinar sobre a realização de empréstimos, operações ou acordos externos, de qualquer natureza, de interesse dos Estados, do Distrito Federal, dos Municípios e dos órgãos da administração federal indireta, inclusive empresas sob o controle direto ou indireto da União Federal.

Parágrafo único. No caso do inciso I, a eficácia da norma impugnada é suspensa, até a deliberação final sobre o veto proposto.

Julgamento do Superintendente Nacional de Planejamento

Art. 83. O Superintendente Nacional de Planejamento é julgado, nos crimes comuns, pelo Superior Tribunal de Justiça, e, nos crimes políticos, pelo Tribunal Constitucional.

Atribuições do Conselho Nacional de Planejamento

Art. 84. Ao Conselho Nacional de Planejamento incumbe, prioritariamente, fixar os objetivos a serem alcançados por meio dos planos nacionais de desenvolvimento, bem como colaborar com a Superintendência Nacional de Planejamento na elaboração desses planos, na forma que a lei dispuser.

Composição do Conselho Nacional de Planejamento

Art. 85. O Conselho Nacional de Planejamento é composto de representantes de grupos sociais e categorias profissionais, nomeados pelo Presidente da República por indicação das entidades representativas dos respectivos grupos ou categorias.

Parágrafo único. A lei disporá sobre o número e a qualidade dos componentes do Conselho Nacional de Planejamento e sobre sua organização interna."

O fato de não ter constado do texto constitucional a estrutura acima detalhadamente descrita, certamente impede que os planos de desenvolvimento nacional fossem idealmente discutidos e fiscalizados.

Tal cenário, poderia ter sido corrigido pelo legislador ordinário.

Aliás, poderia ter ocorrido com a Lei n. 8.212 promulgada em 1991 e denominada de Plano de Custeio, e que, em verdade, apesar da nomenclatura não atende ao comando integrador da Seguridade Social, como já abordamos.

A Lei n. 8.212/91, no entanto, trouxe em seu art. 96 reveladora disposição:

"Art. 96. O Poder Executivo enviará ao Congresso Nacional, **anualmente, acompanhando a Proposta Orçamentária da Seguridade Social, projeções atuariais relativas à Seguridade Social, abrangendo um horizonte temporal de, no mínimo, 20 (vinte) anos, considerando hipóteses alternativas quanto às variáveis demográficas, econômicas e institucionais relevantes.**" (g. n.)

Tal dispositivo tem sido comentado e analisado pela doutrina. vejamos:

"O comando cuida do denominado Plano de Custeio, que consiste na estimativa das receitas e das despesas do sistema, aptas a dar a devida fundamentação técnica ao orçamento da seguridade social. A proposta deverá compreender as dotações destinadas a atender as ações de saúde, de previdência e de assistência social, obedecendo ao disposto nos arts. 194, 195 e 196, 199, 200, 201, 203, 204 e 212, § 4º, da Constituição Federal e contando, dentro outros, com recursos provenientes (i) das contribuições sociais previstas na Carta Magna; (ii) da contribuição para o plano de seguridade social do servidor, que será utilizada para despesas com encargos previdenciários da União; (iii) do orçamento fiscal; e (iv) das demais receitas diretamente arrecadadas pelos órgãos, fundos e entidades que integram, exclusivamente tal orçamento.

O dispositivo demonstra o equívoco conceitual do legislador que, ao ementar a Lei em comento, diz que a mesma 'institui Plano de Custeio (...)'. Em verdade, o Plano de Custeio irá figurar como anexo à proposta orçamentária, como sublinha a norma em comento."[129]

Ainda observa Orione:

"A norma em comento traça obrigação de fazer do Poder Executivo, que deverá encaminhar, conjuntamente, com a proposta orçamentária anual da Seguridade Social, uma projeção atuarial que abranja um horizonte de vinte anos subsequentes. A preocupação do legislador é justa, e se vincula ao princípio constitucional que ordena que a Seguridade Social estrutura-se de forma a manter seu equilíbrio financeiro e atuarial (art. 201 da Carta Magna).

A dificuldade técnica inerente a tão complexa tarefa faz com que a elaboração da referida projeção atuarial não descarte a participação das entidades da iniciativa privada, as quais podem assumir quadros técnicos especializados e, talvez, até mais aptos para tanto (Unicamp, FGV, Fundações Universitárias etc.).

O descumprimento do preceito em exame sujeita os responsáveis às medidas judiciais cabíveis, visto que tal conduta omissiva configura descumprimento de imposição legal, e a Administração Pública é regida pelo princípio da legalidade."[130]

Oportuno os comentários realizados por Fabio Lopes Vilela Berbel, sobre o mesmo dispositivo:

"A tipicidade fechada (legalidade estrita), inexoravelmente, pertence à seara das contribuições sociais. A esse pressuposto acrescentam-se outras que são próprias das contribuições sociais, cuja peculiaridade reside na previsão atuarial das receitas aptas e suficientes para cobertura integral das despesas.

---

(129) BALERA, Wagner. *Legislação previdenciária anotada, Leis ns. 8.212/91 e 8.213/91*. São Paulo: Modelo, 2011.
(130) CORREIA, Marcus Orione Gonçalves. *Legislação previdenciária comentada*. São Paulo: DPJ, 2008.

Essa visão impõe os mais rígidos padrões de definição normativa, único modo apto a permitir que os especialistas na ciência atuarial possam prever, de antemão, que montante de arrecadação é necessário e suficiente para o pagamento das prestações sociais.

Há cunho doutrinário no preceito didático que vinha estampado no antigo regulamento do Regime da Previdência Social, aprovado pelo Decreto n. 72.771/73:

> Art. 273. O Plano de custeio consistirá em um conteúdo de normas e previsões de despesas e receitas estabelecidas com base em avaliações atuariais e destinadas à planificação econômica do regime e seu consequente equilíbrio técnico-financeiro.

Conquanto a Lei n. 8.212/91 pretenda em sua ementa arrogar-se a função de Plano de Custeio, bem em verdade, apenas inventaria as fontes de custeio mediante as quais se compõe e estrutura o financiamento da Seguridade Social.

O plano de custeio propriamente dito deverá consistir, conforme a precisa definição acima transcrita e em obediência ao disposto no art. 96 da mesma Lei, em um quadro demonstrativo que, anualmente, acompanhará a proposta orçamentária da seguridade social remetida ao Congresso."[131]

Lamentavelmente não foi apenas no art. 96 que residia a esperança de que a Lei Orgânica da Seguridade Social pudesse se apresentar como efetivo mecanismo infraconstitucional de apoio ao ideal da Seguridade Social.

Apontamos ainda importantíssimo comando, plenamente em vigor:

> "Art. 90. O Conselho Nacional da Seguridade Social, dentro de 180 (cento e oitenta) dias da sua instalação, adotará as providências necessárias ao levantamento das dívidas da União para com a Seguridade Social."

Acerca de tal dispositivo, primorosa a crítica do Professor Wagner Balera[132]:

> "Como já se fez referência, aqui, na anotação ao art. 16, incumbiria à União custear, parcialmente, a Seguridade Social. Aliás, a antiga

---
(131) BERBEL, Fabio Lopes Vilela. Previdência social comentada. In: BALERA, Wagner (coord.). *Das demais disposições*. São Paulo: Quartier Latin, 2008.
(132) BALERA, Wagner. *Legislação previdenciária anotada, Leis ns. 8.212/91 e 8.213/91*. São Paulo: Modelo, 2011. p. 213.

Lei n. 3.807/1960 (LOPS) demonstrou, no art. 135, que a União nunca cumpriu esse dever constitucional e acabou contraindo enorme dívida para com o sistema previdenciário, cujo saldamento àquela regra determinava e explicitava. O teor do preceito demonstra que a União prosseguiu deixando de cumprir com sua obrigação social e, de 1960 em diante, ficou devedora, em valores que jamais foram apurados. E com a extinção do Conselho Nacional de Seguridade Social (não teria sido esse um dos motivos para a extinção?), ninguém mais foi incumbido da auditagem dessa imensa dívida social do Estado para com a comunidade protegida."

Temos como raciocínio conclusivo a certeza de que é preciso, por parte de nossa sociedade, assumir "as rédeas" deste plano de proteção.

Com isso queremos dizer que é indispensável a adoção de estudos profícuos e medidas por especialistas, capazes de radiografar o que até o momento se evoluiu e o que pode ser ajustado dentro do próprio sistema de seguridade social, que insistimos, encontra aparato legítimo e estruturado.

Conclusão

O debruçar sobre o tema, o constante contato com a matéria nos indica um clima de preocupação com relação à capacidade de sustentação da proteção social delineada no conceito de Seguridade Social.

Nesse sentido é que um *planejamento específico* para a Seguridade Social é possível e indicado, posto que representaria solução para muitas das distorções avaliadas anteriormente e, mais que isso, teria o condão de perpetuar o caminho da Proteção Social para as próximas gerações.

Medidas simples e já existentes em nosso sistema de seguridade poderiam suscitar esse estabelecimento programático, começando com o retorno do Conselho Nacional de Seguridade Social.

Entretanto, estamos convencidos de que não haverá avanço sem a efetiva integração da seguridade no plano horizontal do sistema.

É certo que a descentralização do Estado com o estabelecimento de órgãos próprios ao atendimento das metas da Seguridade Social e dos planos gerais de desenvolvimento social, como indicava o anteprojeto elaborado por Fábio Konder Comparato, acima analisado, mostrar-se-ia medida eficaz em nosso contexto histórico, social e cultural.

Por outro lado, quase três décadas desde a constituição federal e diante do atual contexto, não podemos afirmar pelo *regresso* em termos de proteção social, assim o *planejamento* aqui intuído não impõe as conhecidas e falaciosas "reformas da previdência".

Não se trata de estabelecer uma revolução na estrutura do Estado, com mudanças quem impactem aumento excessivo de custo com a *máquina pública*.

Exemplo da viabilidade desta estrutura é a existência da Superintendência Nacional de Previdência Complementar — PREVIC, órgão fiscalizador instituído pela Lei n. 12.154/2009[133], e não obstante a discussão, na seara da

---

(133) Art. 1º (...)
Parágrafo único. A Previc atuará como entidade de fiscalização e de supervisão das atividades das entidades fechadas de previdência complementar e de execução das políticas para o regime

previdência complementar, sobre a necessidade de uma agência reguladora ou o modelo vigente, como bem observa a obra de Pulino[134], são questões menores, conquanto o fundamental é a indiscutibilidade do papel do órgão fiscalizador.

Com esse exemplo convém ponderar que estamos diante de panoramas distintos e infinitamente peculiares ao analisar a Previdência Complementar e a Seguridade Social, seja no campo da organização financeira e atuarial, seja na estrutura organizacional.

É certo que a complementariedade de previdência conferida pelo Estado à iniciativa privada impõe ao mesmo o dever de fiscalizar a atuação do particular neste segmento, impedindo que sejam comercializados produtos inadequados ou à margem dos princípios e objetivos compatíveis com a Proteção Social, a viabilidade financeira-econômica dos planos idealizados pelo particular, dentre outros.

Ocorre nesse sentido, mesmo guardadas as proporções das peculiaridades acima mencionadas, uma questão: o Estado como provedor da Seguridade Social não deve fiscalizar ou cuidar para que o plano de proteção almejado seja ao máximo alcançado?

E mais: ao incluir a solidariedade ao sistema de seguridade social com a integração compulsória de toda a sociedade, estaria o Estado autorizado a estabelecer "meia" fiscalização, aplicar a reserva do possível no cumprimento desta tarefa, e extinguir o organismo integrador capaz de controlar e monitorar essas atividades?

Inclinamo-nos a afirmar que para a formatação legal de um planejamento programático da Seguridade Social que permita ser revisitado periodicamente, implica na gestão estruturada e competente entre as três áreas da seguridade, podendo ser realizada e fiscalizada pelo órgão deliberativo (CNSS), cuja extinção resta seriamente criticada e para o qual nos esperançamos com o retorno ou com a substituição por outra entidade.

---

de previdência complementar operado pelas entidades fechadas de previdência complementar, observadas as disposições constitucionais e legais aplicáveis.
(134)　PULINO, Daniel. *Previdência complementar. Natureza jurídico-constitucional e seu desenvolvimento pelas entidades fechadas*. São Paulo: Modelo, 2011. p. 415.

REFERÊNCIAS BIBLIOGRÁFICAS

ALONSO LIGERO, María de los Santos. Los servicios sociales y la seguridad social. *Revista Iberoamericana de Seguridad Social*, n. 1, p. 1507, 1971.

ALVES, Karina Suzana da Silva. O envelhecimento ativo e as aposentadorias no Brasil. *RPS*, n. 384, São Paulo, p. 899-902, 2012.

ASSIS, Armando de Oliveira. Em busca de uma concepção moderna de "risco social". *Revista de Direito Social*, n. 14, São Paulo: Notadez, 2004.

ATALIBA, Geraldo. *Hipótese de incidência tributária*. 6. ed. São Paulo: Malheiros, 2004.

_____. Única contribuição social do empregador. *Revista Direito Administrativo*, Rio de Janeiro, 1993.

BALERA, Wagner. *A seguridade social na Constituição de 1988*. São Paulo: Revista dos Tribunais, 1989.

_____. *Curso de direito previdenciário*. 4. ed. São Paulo: LTr, 1998.

_____. Sobre reformas e reformas previdenciárias. *Revista de Direito Social*, Porto Alegre, n. 12, p. 11-54, dez. 2003.

_____. *Noções preliminares de direito previdenciário*. São Paulo: Quartier Latin, 2004.

_____. *Sistema de seguridade social*. 4. ed. São Paulo: LTr, 2006.

_____. *Sistema de seguridade social*. 5. ed. São Paulo: LTr, 2009.

_____ (coord.). *Previdência social comentada*. São Paulo: Quartier Latin, 2008.

_____. Contribuições sociais. *Caderno de Extensão Universitária*. São Paulo Resenha Tributária, 1992.

_____. *Legislação previdenciária anotada, Leis ns. 8.212/91 e 8.213/91*. São Paulo: Modelo, 2011.

BALEEIRO, Aliomar. *Limitações constitucionais ao poder de tributar*. 7. ed. Atualizadora Misabel Abreu Machado Derzi. Rio de Janeiro: Forense, 1997.

BECK, Ulrich. *Sociedade de risco rumo a uma outra modernidade*. 2. ed. São Paulo: Editora 34, 2011.

BERBEL, Fabio Lopes Vilela. Previdência social comentada. In: BALERA, Wagner (coord.). *Das demais disposições*. São Paulo: Quartier Latin, 2008.

BEVERIDGE, William. *O plano Beveridge*. Tradução Almir de Andrade. Rio de Janeiro: José Olympio, 1943.

BOSCHETTI, Ivanete. *Seguridade social e trabalho:* paradoxos na construção das políticas de previdência e assistência social no Brasil. Brasília: Letras Livres; UnB, 2006.

BOSCHETTI, Ivanete; Evilásio Salvador. O financiamento da seguridade social no Brasil no período 1999 a 2004: quem paga a conta? 1. ed. *Revista Serviço Social e Saúde: Formação e Trabalho Profissional*, São Paulo: Cortez, 2006.

CALCIOLARI, Ricardo Pires. *O orçamento da seguridade social e a efetividade dos direitos sociais*. Curitiba: Juruá, 2012.

CARRAZZA, Roque Antonio. *Curso de direito constitucional tributário*. 26. ed. São Paulo: Malheiros, 2010.

CARVALHO, Paulo de Barros. *Direito tributário, linguagem e método*. 2. ed. São Paulo: Noeses, 2008.

COELHO, Sacha Calmon Navarro. *Comentários à Constituição Federal de 1988* – sistema tributário. 2. ed. Rio de Janeiro: Forense, 1990.

COMPARATO, Fabio Konder. *Muda Brasil:* uma constituição para o desenvolvimento democrático. 4. ed. São Paulo: Brasiliense, 1986.

CORREIA, Marcus Orione Gonçalves. *Legislação previdenciária comentada*. São Paulo: DPJ, 2008.

DERZI, Heloisa Hernandez. *Os beneficiários da pensão por morte*. São Paulo: Lex, 2004.

DURAND, Paul. *La política contemporánea de seguridad social*. Traducción de José Vida Soria. Madrid: Ministerio de Trabajo e Seguridad Social, 1991.

FERRAZ JÚNIOR, Tércio Sampaio. *Introdução ao estudo do direito:* técnica, decisão, dominação. 4. ed. São Paulo: Atlas, 2003.

FLÚSSER, Vílem. *Direito, língua e realidade*. 3. ed. São Paulo: Annablume, 2007.

GENTIL, Denise. *Intervenção estatal no município:* o caso de Belém da década de 1980. Tese de Mestrado em Desenvolvimento Sustentável do Trópico Úmido, 1986.

_____ . *Política fiscal e falsa crise da seguridade social brasileira:* análise financeira do período 1990-2005. Tese de Doutorado em Economia, 2006.

GONÇALVES, Ionas Deda. Previdência social comentada. In: BALERA, Wagner (coord.). *Título VI* – do financiamento da seguridade. São Paulo: Quartier Latin, 2008.

GRAU, Eros Roberto. *Planejamento econômico e regra jurídica*. São Paulo: Revista dos Tribunais, 1978.

GRECO, Marco Aurélio. *Contribuições:* uma figura *sui generis*. São Paulo: Dialética, 2000.

HORVATH JÚNIOR, Miguel. *Direito previdenciário*. 6. ed. São Paulo: Quartier Latin, 2007.

IBRAHIM, Fábio Zambitte. *Curso de direito previdenciário.* 8. ed. São Paulo: Impetus, 2006.

JUNIOR, A. F. Cesarino. *Direito social.* São Paulo: LTr, 1980.

LEITE, Celso Barroso. *Previdência social:* atualidades e tendências. São Paulo: LTr, 1973.

LOPES, José Reinaldo Lima. Direito subjetivo e direitos sociais: o dilema do judiciário no estado social de direito. In: FARIA, José Eduardo (org.). *Direitos humanos, direitos sociais e justiça.* São Paulo: Malheiros, 2002.

MESA-LAGO, Carmelo. *As reformas de previdência na América Latina e seus impactos nos princípios de seguridade social.* Tradução da Secretaria de Políticas de Previdência Social. Brasília: Ministério da Previdência Social, 2006.

OIT. Organização Internacional do Trabalho. Disponível em: <http://www.oit.org.br/>.

OLIVEIRA, Moacyr Velloso Cardoso de. Um pouco da história da previdência social. O conselho nacional do trabalho, suas origens. *Revista de Previdência Social,* n. 90.

PASTOR, José Manuel Almansa. *Derecho de la seguridad social.* 7. ed. Madrid: Tecnos, 2008.

PERSIANI, Mattia. *Direito da previdência social.* 14. ed. São Paulo: Quartier Latin, 2009.

PULINO, Daniel. *Previdência complementar. Natureza jurídico-constitucional e seu desenvolvimento pelas entidades fechadas.* São Paulo: Modelo, 2011.

_____. A atuação estatal na regulação e fiscalização das entidades fechadas de previdência complementar. In: *Fundos de pensão* – aspectos jurídicos fundamentais. São Paulo: Abrapp/ICSS/Sindapp, 2009.

RIBEIRO, Sheila Maria Reis. Reforma do aparelho de estado no Brasil: uma comparação entre as propostas dos anos 1960 e 1990. *VII Congreso Internacional del CLAD sobre la Reforma del Estado y de la Administración Pública,* Lisboa, 8-11 oct. 2002.

RUSSOMANO, Mozart Victor. *Comentários à consolidação das leis da previdência social.* São Paulo: Revista dos Tribunais, 1977.

SANTOS, Marisa Ferreira dos. *Princípio da seletividade das prestações de seguridade social.* São Paulo: LTr, 2003.

SANTOS FILHO, Oswaldo de Souza. *Princípio da automaticidade e automação dos benefícios previdenciários no regime geral brasileiro.* São Paulo. Tese de Doutorado em Direito — Faculdade de Direito, Pontifícia Universidade Católica de São Paulo, 2004.

SIMÕES, Thiago Taborda. *Contribuições sociais, aspectos tributários e previdenciários.* São Paulo: PUC-SP, 2011.

SIQUEIRA, Thiago de Barros. *A proteção da idade avançada no regime geral de previdência social.* São Paulo: Modelo, 2011.

SOBRINHO, Manoel de Oliveira Franco. *Comentários a reforma administrativa federal.* 2. ed. São Paulo: Saraiva, 1983.

TORRES, Ricardo Lobo. *Tratado de direito constitucional, financeiro e tributário*. Rio de Janeiro: Renovar, 2000. v. V: Orçamento na Constituição.

VELLOSO, Andrei Pitten; PAULSEN, Leandro. *Contribuições:* teoria geral — contribuições em espécie. Porto Alegre: Livraria do Advogado, 2010.

VENTURI, Augusto. *Los fundamentos científicos de la seguridad social*. Madrid: Centro de Publicaciones Ministerio de Trabajo y Seguridad Social, 1994.

VIANNA, Maria Lúcia Teixeira Werneck. Reforma da previdência. *Seminário de Pesquisa, Instituto de Economia – UFRJ*, Rio de Janeiro, jun. 2003.

_____. Reforma da previdência: missão ou oportunidade perdida? In: MORHY, Lauro (org.). *Reforma da previdência em questão*. Brasília: UnB, 2003.

VIANNA, Solon Magalhães. A seguridade social, o sistema único de saúde e a partilha dos recursos. *Mesa Redonda sobre Financiamento da Saúde no Brasil*, 21.6.1991, São Paulo: Faculdade de Saúde Pública da USP. Ciclo de mesas-redondas: "A crise da saúde: estrangulamento, perspectiva e saída". Autor: técnico do Instituto de Pesquisa Econômica Aplicada — IPEA e Presidente da Associação Brasileira de Economia da Saúde — ABrES.

VIEIRA, Helga Klug Doin. Custeio da previdência social. *Caderno de Direito Previdenciário*, Porto Alegre: Escola da Magistratura do TRF da 4ª Região, n. 3, v. I, 2005.

VILANOVA, Lourival. *As estruturas lógicas e o sistema de direito positivo*. 4. ed. São Paulo: Noeses, 2010.

TEMER, Michel. *Território federal nas constituições brasileiras*. São Paulo: Revistas dos Tribunais, 1976.

TEIXEIRA, Aloísio. Prefácio. In: ARAÚJO, Odília Sousa de. *A reforma da previdência social brasileira no contexto das reformas do Estado*: 1988 a 1998. Natal: EDUFRN, UFRN, 2004.